이끄시는 손길

부모님의 땀과 눈물

그리고

헌신의 기도를 흠모하며

이 책을 바칩니다.

진경 여중·고와 正石 한병수 이사장의 삶을 인도하신 하나님 이야기

이끄시는 손길

한 병 수

진경 여자중·고등학교 설립 유공자　　竹村 한용석 장로
　　　　　　　　　　　　　　　　忍堂 최인례 권사　의 덕을 기리며

나침반

가문의 새 역사를 시작하신
조부님 규암(奎菴) 한덕교(韓德敎) 翁 존영

부모님 합동 회갑연 자리(1981년 5월 5일)

밝은 모습의 가족들(2021. 9.)
대전(유성)에 모여 촬영함. 큰 손자(한강희)는 군입대(기무사) 중이고
외손자(이재영)는 대학 입학 수시 면접으로 불참하여 별도 편집한 모습이 오른쪽 위에 있다.

50년 보아온 뒷모습

지난 연말 여느 때와 마찬가지로 아침식사를 마치고 식탁에 앉아 신문을 펼쳐 읽다가 무심코 아내가 주방 싱크대에서 설거지하는 뒷모습에 시선이 닿았습니다.

항상 마주하는 모습이었지만 그날따라 아내의 손놀림과 움직임에 한참 동안 눈길이 머물렀습니다.

아내와 부부의 연을 맺은 지 어느새 50년이 지난걸 생각하니 갖은 상념에 잠겼습니다. 먼 인척의 소개로 어색한 만남을 시작으로 21세에 약혼을 하고 1년 만에 결혼을 한 후 4남매를 낳아 키워 이제 모두 제 갈 길을 갈 수 있는 사회인으로 길러냈고, 때로는 갖은 아픔과 고통, 남모르는 시련도 겪어가며 살아온 세월이 어느덧 50년이라니!

스스로도 놀랍고 그 긴 세월 나 한 사람만 바라보고 묵묵히 견뎌내며 오늘에 이른 아내의 헌신과 고마움이 새삼 가슴에 파고 들었습니다.

우연히 만나 긴 나날을 한결같이 내 까다로운, 때로는 격하기도 한 성품을 감내하며, 자녀 넷을 기르고 살림을 가꾸어 온 아내의 50년 세월을 생각하면서 문득 나도 모르게 눈에 고인 눈물을 남몰래 훔쳐내었습니다.

정말 고마운 일입니다.

그 시절 살아온 사람들은 다 그렇다고 생각하며 넘길 수도 있겠지만 아내가 나와 지내온 세월이 얼마나 힘겹고 고통스러웠을지, 대놓고 말은 하지 않았지만 미처 헤아리거나 짐작조차 할 수 없는 아픔의 날들도 가슴 한편에 쌓여 있을 거라 생각합니다.

아내는 "한 재벌(?) 집에 시집와서 남다른 호강을 한다고 부러워하는 사람들도 많다지만 나에게는 정말 힘겨운 세월이었다"라고 가끔씩 원성을 쏟습니다. 그런 어려움 속에서도 4남매를 건강하고 착하게 길러냈고, 각자 가정을 이루어 사회 구석구석에서 제 길을 잘 가꾸어가고 있도록 인도한 지혜와 헌신이 얼마나 감사한지 모릅니다. 먼저는 하나님의 은혜요, 다음으로는 아내의 덕이 아닐 수 없습니다.

그러면서 문득 나 자신을 돌아봅니다.

이제 세수로 77세, 희수를 맞게 되니 새삼 세월의 덧없음을 깨닫게 되고, 내가 운영 책임을 맡은 진경여자중·고등학교가 설립 60년을 눈앞에 두고 있음에 생각이 미치면서, 다시 한 번 오늘까지, 여기까지 이끌어 주신 하나님의 은혜를 다윗처럼 주님께 감사하지 않을 수 없습니다.

"내게 주신 모든 은혜를 내가 여호와께 무엇으로 보답할까" – 시편 116:12

구한말 암행어사의 신분으로 민정을 시찰하러 함라를 다녀가신 조부님께서 이배원 옹(이화영 전 이리 시장의 조부님)과 맺은 인연으로 황등에 정착하였습니다. 그 후 5대에 걸쳐서 주님의 사랑과 축복 가운데 학원 선교에 전력하면서 오늘에 이르게 하신 하나님의 이끌어 오신 손길을 후손들과 지역사회에 증언하고 남기는 것이 나의 한 생을 정리하는 또 하나의 사명임을 자각하게 되어 회고록「이끄시는 손길」을 쓰기로 마음먹었습니다.

1950년대 말, 60년대 초 우리나라 실정은 사회적, 경제적으로 궁핍한 상황이었습니다. 우리 집안 또한 이웃들과 비슷한 평범한 가정이었음에도 주님께서 특별히 우리 부모님, 특히 어머니의 헌신적이고 열정적인 신앙을 보시고 택하시어 훌륭한 지도자와 동지들을 묶어주심으로 불가능하다고 여겨지는 학교 설립, 운영의 기적적인 역사를 이루도록 이끌어 주셨습니다.

인간적으로 보면 불가능한 일이었으나 창조주 하나님, 좋으신 우리 아버지 하나님께서 이끄시고 인도하시는 은총과 사랑으로 하나님의 손에 붙들려 함께 힘을 모았던 지도자, 동지들이 계셨기에 오늘의 진경여자중·고등학교가 설립, 운영될 수 있었습니다.

어렵고 힘든 당시의 시대적 상황을 극복하기 위해선 무엇보다 인재를 길러낼 양질의 교육이 필요했습니다. 느헤미야가 고국의 무너진 성벽을 주님의 인도하심으로 재건한 것처럼 하나님은 우리 가문을 들어 사용하셨습니다.

"또 그들에게 하나님의 선한 손이 나를 도우신 일과 왕이 내게 이른 말씀을 전하였더니 그들의 말이 일어나 건축하자 하고 모두 힘을 내어 이 선한 일을 하려 하매" – 느헤미야 2:18

좀 더 상세한 내용은 본문에서 기술하겠지만, 부모님 두 분께서 학교 설립, 운영에 주도적이고 헌신적이며 중추적인 역할을 하셨습니다. 그러나 두 분을 설립자로 칭하지 않고 설립 유공자라고 호칭한 것은 설립하신 분(설립자)은 여호와 하나님이시고 우리 인간은 이끄시는 하나님의 손길에 여러 모양으로 사용된 공로자 중의 한 사람이라고 믿기 때문입니다.

특히 학원 선교의 식견과 열정이 높고 깊으셨던 안봉걸 목사님과 부인 김혜수 사모님 그리고 편견과 오해를 무릅쓰고 학교를 순수하게 보호하고 격려해 주셨던 배응모 목사님, 설립 초기 신앙적으로 재정적으로 뜻을 모아 헌신해 주셨던 김희갑 장로님, 홍갑희 집사님, 최기장 장로님,

이종천 장로님, 최상옥 장로님 등 여기에 다 열거하지 못한 그 외 여러분들이 설립 유공자임을 함께 기억하고 그 덕을 기리며, 진경의 역사와 더불어 감사의 정을 이어가야 할 분들임을 깊이 새기고자 합니다.

또한 우리 가정을 이곳 익산에 터 잡게 이끄신 하나님의 손길이 놀라운 주의 섭리요, 은총이었음에 감사드리며, 어머니께 심어진 복음의 씨를 과거 급제하여 암행어사로 활약하실 만큼 유학이 깊으신 조부님께서 흔쾌히 인정하시고 격려하심으로 3대 장로로 이어지는(부친, 형님과 필자 본인, 막내 동생 기수, 나의 장남 상준) 복된 신앙의 가풍을 이어 올 수 있도록 이끌어 주신 주님의 손길과 은총에 감사드립니다.

> "그의 영광을 모든 민족 중에, 그의 기이한 행적을 만민 중에 선포할지어다"
>
> — 역대상 16:24

이 귀한 회고의 글이 나오기까지 마음을 모아준 가족들과 곳곳에 끼워있어 감추일 수 있는 순간들을 되새길 수 있게 일깨워준 동지들과 귀한 작품으로 승화시켜 주신 나침반출판사 김용호 대표님과 직원들에게 감사드립니다.

주님의 은혜에 감사하며…

한병수

1. 고석조 장로

(동련교회 원로장로 / 황등초등학교 재학시 은사님 / 남창초등학교장 역임)

제1대 이사장 故 한용석 장로님은 집사 시절 신우계원으로 오래 사귀었고 가깝게 지낸 존경하는 집사님이었습니다. 잘 되는 미곡상이 부러웠습니다.

제가 강력히 추천하여 황등초등학교 사친 회장(육성회장의 전신)이 되어 더욱 가까워졌고 학교 발전에 기여하였는데, 그것이 학교 경영이라는 꿈의 작은 동기가 되지 않았나 싶습니다.

가난하고 소외된 여성(소녀)들을 불쌍히 보시고 이들을 잘 가르치어 훌륭한 일꾼으로 길러 보람 있게 살게 해야겠다는 투철한 교육 철학으로 그 많은 곤경을 헤치고 극복하여 오늘의 진경학원으로 이끄신 고인과 대를 이어 헌신한 한병수 장로에게 박수를 보냅니다.

더욱이 오늘의 성장은 하나님의 은혜였다는 수많은 고백과 많은 협조자들의 노고에 감사하고 잊지 않겠다는 다짐은 앞으로의 발전에 밑거름이 될 것입니다.

진경학원은 하나님이 이끄시기에 앞으로도 어떠한 어려운 상황도 극복하고 무궁한 발전이 있으리라 믿습니다.

2. 김일원 목사

(동련교회 담임목사 / 진경여고 교목·교장 역임 / 한신대학교 이사장 역임)

오늘이 있기까지의 내 삶에 가장 많은 영향을 주셨고 그래서 나의 인생 멘토인 정석(正石) 한병수 이사장님이 "돌아보니 지난 세월과 모든 과정이 전적으로 하나님의 은혜이고 이끄시는 손길이었다"라고 한다. 또한 "진경여자중고등학교 설립자는 진정 하나님"이시라고 한다.

이렇게 말씀하시는 한 이사장님께서 「이끄시는 손길」이라는 제목의 감사 수상집을 내셨다. 책의 처음과 마지막이 이 믿음으로 관통하고 있어 수상집을 넘어 감동적인 신앙고백서라고 생각한다.

「이끄시는 손길」을 통하여 한병수 이사장님, 나아가 죽촌 한용석 이사장님과 인당 최인례 이사장님(표제에서 밝혔듯 하나님이 설립자이시니 이 분들은 설립유공자라고 명함)의 신앙과 인간됨과 삶을 적나라하게 엿볼 수 있었다. 인생 여정과 가족사 그리고 학교의 역사를 일목요연('선명하게'라는 표현이 좋을 듯)하게 이해할 수 있었다.

마지막으로 나는 학교 경영 가운데 '이끄시는 손길'에서 삼위일체 하나님의 역사하심을 보았다. 이사장님의 창의적 학교 운영(선도적 인성교육 등)을 통해서 성부 하나님을,

희생과 헌신을 통한 역정의 극복을 통해서 성자 예수님을 그리고 여기까지 인도하시고 명실상부한 여성 교육 요람으로 우뚝 서게 하신 성령님의 역사를 보았다.

「이끄시는 손길」이라는 책 제목이 얼마나 타당한가…

3. 장봉 목사
(신황등교회 담임목사)

진경학원 창립 60주년, 고희(喜壽, 77세), 금혼(金婚)을 맞으며 회고록을 엮으신 정석(正石) 한병수 목사님도 책 제목이 「이끄시는 손길」인데… 사실 그 손길은 보통 사람의 눈에는 보이지 않습니다. 잘 드러나지도 않고, 그래서 사람들이 잘 알지도 못합니다. 그러나 그분에게 관심을 기울이며, 그분을 사랑하는 사람은 그분의 숨결을 느낍니다. 도우심을 발견합니다. 한병수 목사님 역시 자신과 가문의 오랜 시간들을 "하나님의 이끄심"으로 이해하고 있습니다.

사도 바울은 디모데의 아름다운 신앙이 우연히 된 것이 아니라 그의 할머니 로이스와 어머니 유니게를 통해 전해졌다고 말씀합니다(딤후 1:5). 한병수 목사님 역시 그렇습니다. 설교를 통해 은혜를 받으신 어머니는 받은 은혜를 갚으려 아들의 돌을 위해 준비한 쌀을 하나님께 드렸습니다. 그것이 쌀이 아니라 은혜를 아는 마음입니다. 다음 세대를 향한 사랑입니다. 그 마음을 하나님이 받으셨기에 자녀들이 장로로, 목사로 세워질 수 있었습니다. 후손들이 그 열매를 통해 오늘 믿음의 삶을 살고 있습니다.

이끄시는 손길…. 그 손길을 볼 수 있는 사람은 행복합니다. 위대합니다. 그리고 자손 대대로 소망이 있습니다. 「이끄시는 손길」의 발간을 축하드리며 오랫동안 강건하셔서 하나님의 놀라운 일들을 마음껏 누리시길 소원합니다.

4. 장상훈 목사

(한문 성경 제주연구소장 / 1990년대 신황등교회 시무)

「이끄시는 손길」은 한 인간의 생애를 전기적인 흐름으로 과거를 회상하면서 쓴 회고록이다. 혹자의 회고록은 자기 자랑이 지나쳐 독자들에게 혐오감과 부끄러움을 느끼게 하는 경우가 있다. 그러나 「이끄시는 손길」은 지나온 이야기들을 담백하고 진솔하게 쓰려고 애쓴 노력이 보일 정도로 성숙한 자제력이 돋보인다. 나는 오솔길을 걸으면서 옛 이야기를 듣는 기분으로 읽었다.

자세히 헤아려 보지는 않았지만 이름으로 등장한 사람만 해도 엄청난 숫자인데, 암행어사 조부님으로부터 손자 손녀들에게 이르기까지 모든 사람을 하나도 소홀히 하지 않고 있다는 것이 놀라운 일이다. 존경할 자를 존경하고 사랑할 자를 사랑하며 기억할 자를 기억하고 섬길 자를 섬기고 아끼고 돌보아 준 자들에 이르기까지 그 이름을 한결같이 뚜렷하게 기억하고 있으면서 그들과 관련된 일들도 일일이 기억하여 생생하게 기록하고 있다는 것은 희수(喜壽)의 나이로는 대단한 작업이라고 하지 않을 수 없다. 이렇게 글에도 뛰어난 소질이 숨어 있는 줄은 평소에는 알지 못한 일이어서 또 한 번 놀랐다.

5. 이행숙 선생

(시조시인. 한국 시조시인협회 이사 / 진경여중고에서 35년 근무)

1984년 2월의 어느 날, 진경여자상업고등학교 부임을 앞두고 학교 교장실에서 한병수 당시의 교장 선생님을 처음 뵙던 그 순간을 지금도 기억한다. 그 자리에서 바짝 긴장해 있는 내게 앞으로 국어 교과 수업을 담당하고, 아울러 학생들의 독서지도와 글쓰기 지도를 부탁한다고 하시면서 이렇게 덧붙이셨다.

"이 선생님! 만약 내게 그런 권한이 있다면, 나는 모든 교육과정을 독서 교육으로 대신하고 싶어요. 그만큼 우리 아이들에게 독서교육은 모든 과목의 기반이 될 수 있는 가장 중요한 교육이라고 생각해요. 이렇게 중요한 일을 맡게 되었으니 최선을 다해 임해주길 바랍니다."

이 일이 있은 지 40년이 다 되어가는 지금까지도 마치 어제 일처럼 선명하게 떠오르는 것은 그만큼 내게는 그 말씀이 아주 신선한 충격으로 다가왔기 때문이다. 지금이야 많이 달라졌지만 당시만 해도 학교 내에서 교장 선생님의 권위는 매우 절대적인 것이었다. 그런 분께서 할 수만 있다면 교육과정의 틀을 깨고 싶다고까지 말씀하시면서 독서교육의 중요성을 설파하셨으니 햇병아리 국어 교사의 입장에서는 쌍수를 들어 엄지손가락을 올려 드리고 싶은 마음이었다.

내 삶의 절반 이상을 국어교사로서 우리 진경 학원에 몸담고 생활하면서 시시때때로 그때 그 말씀을 되새기지 않을 수 없었다. 그 결과 개인적으로나 가르쳤던 제자들에게서나 적지 않은 성과를 낼 수 있었다.

그런데 그때의 패기 넘치시던 젊은 교장 선생님께서 이제는 진경학원의 이사장님이 되시고, 어느덧 희수(喜壽)를 맞아 하나님의 이끄시는 손길을 되짚어 보시며 그 내용을 책으로 엮어 내신다는 소식을 듣고 가장 먼저 축하의 인사를 드리고 싶었다.

　지금도 여전히 본인의 삶과 신앙과 교육에 대한 열정이 조금도 줄지 않고 세상에 선한 영향력을 끼치며 살기 위해 노력하시는 모습에서 경이로움을 느낀다.
　부디 앞으로도 오래오래 건강하셔서 하나님께서 이끄시는 손길의 증인으로 살아가시기를 기도한다.

목차

제1장 함라 고을로 이끄시다

제2장 학원 선교의 길로 이끄시다

제3장 진경 60년에 귀하게 이끌어 쓰신 동역자들

제4장 복된 길로 이끄신 77년
– 희수를 맞이함에 감사하며

제5장 사랑의 자리로 이끄신 50년
(금혼을 맞으며)

제6장 자랑스런 나의 조국 대한민국

제7장 부록

제1장

함라 고을로 이끄시다

1. 출향하여 신도안 입산, 학문 정진, 과거 급제

내 조부님은 고향이 강원도 휴전선 이북으로 금강산이
위치한 회양군이라고 말씀하셨다.

조부님은 청주 한씨 가문 50여 호가 모인 집성촌에서
유복한 가정의 5남매(2남 3녀) 중 막내로 태어나셨고, 형제
들 중에 가장 영특하고 6척 장신으로 용모도 준수하여 부
모님과 문중의 총애를 받던 중 청운의 뜻을 품고 부모님
을 설득하여 마련해 주신 노자를 가지고 출향하셨다.

한양에 당도한 뒤 명문가의 자제들과 1년여 동안 활발
한 교류를 통해 과거 응시의 길을 모색했고 당시 인물의
산실이요 명당으로 인정받던 신도안에 입산하셨다. 그곳
에서 생식을 하며 수도와 학습에 정진한지 2년여 만에 약
관 20세로 과거에 급제하셨다.

태조 이성계가 도읍 천도를 위해 준비했던 신도안 주춧돌들 – 계룡대 사적지

2. 전라도 민정 시찰에 임하시다

궁내부 주사로 임관하여 암행어사로서 전라도 민정 시찰의 명을 받았던 바, 당시 번성한 고을이었던 함라 지역(당시는 함열현)에 당도하여 민정을 살피던 중 고을의 부호 중 한 사람인 이배원 옹께서 억울한 누명으로 곤경에 처했음을 확인하고 이 문제를 원만히 해결하시고 상경, 환궁하셨다.

3. 환궁 후 일제 만행에 의분하여 사직하다

환궁 당시 나라의 정세는 제국주의 일본의 내정 간섭이 노골적으로 일어나고 있었다. 이에 일제의 만행에 의분하여 사직하고 다시 신도안으로 낙향해 입산수도를 하셨다.
신도안에서 늦깎이 33세에 과시 준비를 하던 시절 인연
을 가졌던 동래 정씨(鄭允容 翁) 문중의 규수와 혼인을 하고
가정을 꾸려 장남(인석)과 차남(봉석) 형제를 두고 모처럼
안정된 가정생활을 하셨다.

4. 의병 활동에 참가하다

혼인 초의 안정된 가정생활도 잠시뿐, 강원도 지방에서
의 의병 활동 소식을 접하시고 가족을 처가에 남겨둔 채
강원도에서 의병 투쟁에 적극적으로 참여하시다가 왜경
에 쫓겨 금강산의 한 암자에 피신해 은둔하셨다.

5. 피신처(암자)에서 이배원 옹과의 기적 같은 재회

때마침 지방 유지들과 금강산 유람에 동행하셨던 이배
원 옹께서 그 암자에 들르셨다가 우연히 조부님과의 상봉
이 이루어졌으니, 이 또한 하늘의 섭리가 아니겠는가!
어렵고 위태로운 처지에 은둔하고 계시는 조부님의 사
정을 듣게 되신 이배원 옹께서 자신이 모시겠다고 강권하
여, 동행하는 귀향길에 신도안에 들러 처자 세 가족과 함
께 함라 고을로 내려와서 기거하게 되었다.

6. 왜경의 눈초리를 피하여 황등으로 거처를 이동

당시 함라는 꽤 큰 고을이어서 왜경들의 출입도 빈번하여 그들의 감시를 의식한 이배원 옹께서는 황등 죽촌의 수렁고지마을에 주택과 전답을 마련하여 조부님을 정착하시게 했다. 이는 독립투쟁 중이신 조부님을 먼저는 함라 고을로 나중에는 황등 지역으로 이끄시어 장차 학원 선교의 과업을 맡기시고자 하는 주님의 높고 깊은 뜻이라고 믿는다. 우리 가문을 이 지역으로 이주, 정착하게 하신 모든 일련의 역사가 주님의 축복이자 섭리인 것으로 믿고 감사드린다.

7. 이 씨 집안의 대소사를 살펴 주며 왕래

황등 죽촌리에 은둔하는 동안 3남(구석)과 나의 부친이신 막내 4남(용석)이 출생하였고 이배원 옹께서는 집안의 대소사에 조부님께 수시로 인편이나 말을 보내 모셔가면서 자문을 구하고 고을 어른으로서의 역할을 맡기셨다. 집안에는 조부님이 가시면 언제나 사용하시고 머무실 수 있는 별채가 있었으며, 사랑채의 사면 책장은 당시 각종 고서들이 빼곡히 채워져 있었다고 한다. 그리고 확고한 고증이 어렵기는 하지만, 구전에 의하면 조부님께서 여러 해 동안 군산으로 많은 양곡을 운반해 가셨는데 다녀오셔서는 미도(오늘날의 증권이나 카지노 같은 투기 행위)로 손실을 보셨다고 빈손으로 오신 적이 많았다고 한다. 이는 이배원 옹과 사전에 협의하여 군산에서 상해 임시정부로 독립자금을 보낸 것으로 추정된다.

조부님이 사용하셨다는 사랑채(현재는 원불교 교당에서 사용 중)

8. 혜안을 보이셨던 일화들

인자하시고 지혜와 덕이 높으셨던 조부님은 혼란한 정세 속에서도 사리를 밝히 분별하는 선견지명이 있으셨다. 그 중 몇 가지 일화들을 소개한다.

(1) **1950년 6.25 전쟁의 발발로** 온 나라가 혼란스러워 우왕좌왕하던 그 시기에 신변의 안전을 위해 피란길에 나서는 사람들이 대부분이었다. 그런데 조부님께서는 "피난 갈 필요 없다. 조금만 참고 기다리면 안정될 것이다"라고 만류하셔서 우리 집안사람 모두는 고향과 동네에 머물러 그때의 상황에 적응하고 무사히 혼란한 시기를 넘기게 되었다.

(2) **그리고 6.25 전쟁 당시** 경자유전이라는 미명 하에 공산주의자들의 인민위원회가 소작인에게 토지를 강제로 나누어 주어서 머슴살이하던 사람들이 자기 땅이라고 큰소리치며 농사하는 상태가 되었다. 그때 지주들이 조부님을 찾아와서 억울하다며 "이럴 수가 있습니까"라며 하소연하는 이들이 많았는데, 조부님 말씀이 "저 녀석들 저렇게 큰소리쳐도 새밖에 못 본다. 걱정 말라"라고 하셨는데, 정말 몇 달 지난 후 새 보고 피살이 다 하고 나서 추수 때가 되자 9.28 수복으로 토지가 본래의 소유주에게로 돌아가게 되었다.

(3) **죽촌리 일대 동연리 앞뜰이** 당시 모두 천수답이던 시절에 조부님께서 어린 손자 손녀들을 데리고 뒷산에 오르셔서 앞뜰의 넓은 천수답 논을 가리키시며 "너희들 나중에는 이 논을 금강 물로 농사 짓게 될 날이 곧 올 테니 기다려봐라"라고 하셨는데, 정말 1970~80년대에 이르러서 금강 배수로를 통해 금강 물을 끌어다가 농사하고 있지 않은가?

(4) **유년 시절에 조모님께서** 전해 주신 말씀을 들으면, 황등에 기거하시면서도 1년에 한두 차례 "나 산에 좀 다녀오겠소"라며 나가시면 2~3개월, 때로는 5~6개월 만에 돌아오시는데 계룡산 산중에서 약초와 솔잎, 산나물로 생식을 하고 귀가하셨다고 하며, 어느 날 초저녁 대문 앞에서 조부님의 기척하심을 듣고 문밖에 나가보면 호랑이가 옆에 서 있고 조부님께서 호랑이 엉덩이를 툭툭 치시며 수고했다는 손짓을 하면 호랑이가 혼자 돌아가는 걸 보셨다고 한다.

(5) **나의 부친께서는** 영민하셔서 당시 함라소학교를 수석으로 졸업하여 도지사상을 수상하셨는데, 가족들 몰래 대구 사범학교에 응시하여 조부님께 합격증을 보여드리고 유학을 간청했지만 "공부해 보아야 왜놈들 앞잡이밖에 못한다"라고 하시면서 진학에 반대하셨다.

이배원 옹께 한 말씀만 하시면 간단히 모든 학비를 지원해 주실 텐데도 집에 머물러 가사를 돌보게 하셨다. 후에 고향에서 학교 설립이라는 과업에 주도적 역할을 하도록 이끄신 하나님의 섭리로 믿어진다. 앞서 기술한 대로 조부님께서 선견지명이 있으셔서 고향에 남아있어도 귀한 몫을 할 재목으로 여겨 유학을 막으신 것으로 보인다. 더욱이 4형제 중 막내아들로 50세에 얻으신 늦둥이기에 먼 타향으로 떠나는 것을 반대하신 듯 하기도 하다.

(6) 조부님은 84세에 작고하셨다. 1950년대 초에 84세는 오늘날의 100세를 넘긴 것이나 마찬가지의 장수였다. 조부님은 매 끼니 때마다 상을 받으시면 정확히 밥그릇의 절반을 덜어내시고 물을 말아 죽이 되도록 녹여서 드시는 소식을 하셨고, 운명하시기 2~3일 전에 자리에 누워서 자녀들에게 "내가 떠날 날이 며칠 안 남았으니, (여러 곳에 흩어져 살던) 후손들을 다 모이도록 하라"라고 말씀하셔서 30여 명 되는 모든 가족이 모인 자리에서 가족이 서로 우애하고 정직하며 항상 이웃을 섬기고 돕는 자세로 살아가도록 당부하시는 유언을 남기시고 편안히 운명하셨다.

죽촌리에 기거하시던 주택 앞에 서신 조부님 내외분

제2장

학원 선교의 길로 이끄시다

Ⅰ. 어머니께 심어진 복음의 씨앗

1. 야소교 소동

앞서 말한 대로 조부님께서는 과거에 급제하실 만큼 한학에 깊이 정진하셨다. 시대상을 생각해볼 때 유학자로서의 유교사상이 철저하셨음은 미루어 짐작할 수 있다. 유교적 문화가 철저한 가문에 4형제의 막내와 혼인한 어머니는 당시 죽촌 이웃 동네의 비교적 유복한 집안의 외동딸이셨다. 아들만 4형제인 완고한 집안의 막내며느리로서의 시집살이에 세 분의 손위 동서를 모시는 힘겨운 살림을 하면서도 부지런하고 성실하여 평소 조부님의 총애가 각별하셔서 세 분 손위 동서들의 시샘을 많이 받을 정도였다.

그러던 중에 어머니께서 먼저 복음을 접하신 이웃집의

어머니(뒷줄 오른쪽)과 세 분의 백모님들

강성애 권사(서수교회 최재준 장로 모친)로부터 전도를 받아 동련교회에 출석하게 되었다. 이 사실을 알게 된 동서 세 분이 조부님의 엄한 꾸중과 호통을 예상하고 이 사실을 고해바쳤는데 조부님께서 의외의 반응을 보이셨다.

"아버님! 막내 동서가 야소교(예수교)를 믿고 동련교회를 다닌다고 합니다."

그러자 조부님께서 "그래? 막내 며느리가 야소교를 믿어? 그 야소교가 퍽 좋은 것인가 보다!"라며 웃어넘기셨다고 한다. 그렇게 되니 어머니는 그동안 마음 조이며 조심스럽게 다니던 교회를 즐거운 발걸음으로 다니면서 신앙생활을 열심히 하시게 되었다.

훗날 어머니의 삶에 뿌려진 복음의 작은 씨는 우리 가문을 통해 백배의 결실을 맺는 하나님의 축복으로 이어졌다.

"좋은 땅에 뿌려졌다는 것은 말씀을 듣고 깨닫는 자니 결실하여 어떤 것은 백 배, 어떤 것은 육십 배, 어떤 것은 삼십 배가 되느니라 하시더라" – 마태복음 13:23

2. 돌떡을 못 얻어먹은 나

내가 세상에 태어난 지 3주가 될 무렵부터 어머니는 교회에 다니셨다. 가장 큰 고비였던 시아버지의 인정을 받아 안심하고 신앙생활을 하신 어머니는 신앙에 대한 큰 자부심까지 갖고 계셨다. 날이면 날마다 신바람 나게 죽촌 뜰을 건너다니며 동련교회를 열심히 섬기셨다. 어느 주일날 목사님의 설교 말씀에 크게 은혜와 감동을 받으셨으나 감사의 마음을 드릴 헌금을 제대로 마련하지 못하신 안타까운 마음에 나의 돌맞이를 위해 한참 동안 모아두신 쌀 포대를 그대로 머리에 이고 교회 제단에 바치셨다고 한다.

이런 연유로 나는 돌떡은 얻어먹지 못했지만 돌맞이를 위해 준비한 쌀이 성미로 바쳐져 오히려 하나님의 큰 축복을 받았다고 믿는다. 어머니의 간절한 마음이 내 삶의 은혜가 되어 오늘까지 복된 삶을 이어올 수 있게 주님 앞으로 이끄신 것으로 믿어 감사드린다. 한나가 사무엘을 주님께 바친 것처럼 내 삶을 주님께 맡기고자 했던 어머니의 헌신의 결과였을 것이다.

"여호와께서 한나를 돌보시사 그로 하여금 임신하여 세 아들과 두 딸을 낳게 하셨고 아이 사무엘은 여호와 앞에서 자라니라" – 사무엘상 2:21

3. 신황등교회 출석

아버지의 4형제 중 둘째 형님이신 백부께서 전주에 터를 잡고 성공적으로 사업을 하셨다. 백부님의 권유로 1940년대 중반 전주로 이거하여 3-4년간 노점상을 하시며 어려운 살림 중에도 어머니는 신앙생활을 지속하셔서 전주 서문교회에서 세례를 받으시고 열심을 다해 믿음을 지키셨다. 외조부님께서 객지에서 고생하는 외동딸을 딱하게 보시고 황등에 소유하신 사업장 겸 주택을 물려주시겠다며 다시 고향으로 오라고 제안하셔서 다시 황등으로 이거 하셨다.

마침 황등교회에서 신황등교회가 분립하던 시기였기에 이웃에 사시던 강신협 장로님(당시는 집사) 내외분의 권유로 신황등교회에 출석하게 되었다. 아울러 나도 어머니 손에 이끌려 신황등교회 주일학교에 출석하게 되었고 1949년 신황등교회 유치원 2회 졸업생이 되었다. 당시 유치원 선생님은 김종성 장로님의 어머니이신 김옥순 선생님이셨다. 열악한 교육 시설과 불비한 여건이었지만 열성적이고 친절하게 어린이들을 가르치셨던 당시의 김옥순 선생님의 밝고 고운 모습이 아직도 눈에 선하다. 그리고 초창기 신황등교회 주일학교는 선생님들의 헌신적이고 열정 넘치는, 그리고 재미있는 동요 지도와 동화·설교

등으로 정말 즐겁고 행복한, 사랑이 넘치는 교실이었다.

강신협 장로님, 전기년 집사님, 최영식 장로님 같은 분들의 사랑이 가득한 주일학교였다. 그리고 멋진 신사 스타일의 한태희 목사님 내외분의 따뜻한 지도력은 초창기의 우리 교회 분위기를 정감 넘치는 교회가 되도록 이끄셨던 것으로 기억된다. 무엇하나 풍족한 것 없던 어려운 시절이었지만 그럼에도 주님이 주시는 은혜만으로 서로 돌보고 행복했던 감사한 나날이었다.

"보라 형제가 연합하여 동거함이 어찌 그리 선하고 아름다운고" – 시편 133:1

Ⅱ. 신황등교회의 가정학교 운영

1. 안봉걸 목사의 부임

우리 교회 2대 목사님이신 한태희 목사님은 교회 목회 사역뿐 아니라, 김제 부용에 계신 부친이신 한상용 장로님께서 설립, 운영하시는 양로원, 고아원 등도 살피시면서 다방면의 선교사역을 분망하게 감당하시다가 1956년

10월 사임하시고 임실교회에서 시무하시던 안봉걸 목사님을 청빙하여 1957년 4월 20일 부임하셨다.

이북 평안도가 고향이신 안 목사님은 한국신학대학 재학시절부터 선교와 교육에 남다른 열정이 있어 한신 재학시절 6.25 전쟁이 발발하자 제주도로 피란을 가신 후 군산 한일교회를 시무하시던 김판봉 목사님(황등교회 김영일 장로님 숙부)과 함께 제주도 서귀포 남원읍교회에서 고등공민학교 학생들을 헌신적으로 지도하셨다.

1952년 6월에 임실교회 4대 목사로 부임하셨을 때도 첫 사업으로 시온중학교를 설립하셨다. 목사님은 덴마크 그룬트비의 국민 계몽운동에 관심을 갖고 계셨다.

목사님은 농촌계몽운동이 구국 운동에 크게 기여한다는 정신으로 고등공민학교를 인가받아 중학교 진학이 어려운 농촌 청소년들에게 무료 학습을 통한 교육의 기회를 제공하기 위해 최선을 다하셨다.
이렇게 농촌 목회에 열중하시는 동시에 농촌 교육에 큰 관심을 가지신 안 목사님께 우리 교회에서 김희갑 장로님, 최기장 장로님, 고만영 장로님 등 4명의 장로단이 임실로 찾아가서 청빙 의사를 피력하자, 안 목사님은 신황등교회에 오시고자하는 뜻은 있으나 조건을 제시하셨다.

그것은 임실에서와 같이 목회는 물론 농촌 학생들에게 기독교 교육을 하고자 하는 것이 목사님 내외분의 제1의 소명임을 강조하시면서 교회 재정을 사용하지 않고 목사님 내외분의 경비로 책걸상도 만들어서 학교를 운영할 테니 이를 허락하면 부임하겠다는 조건이었다. 교회 재정을 들이지 않고 학교를 운영한다니 지역에도 좋은 일이라는 생각에 그 조건을 승낙하고 우리 교회에 부임하셨다.

2. 안봉걸 목사 내외분의 가정여학교 설치 운영

계획하고 약속한 대로 안 목사님 내외분께서는 교육에 대한 남다른 열정으로 자신들의 자금으로 책걸상을 제작하고 당시의 열악한 사회 여건에 맞춰 기본적인 학습 도구를 갖추어 학생을 모집해 1959년 3월 가정여학교를 개교하였다.

1950년대 말 당시의 어려운 경제 여건으로 정상적인 중학교 진학이 불가능했던 농촌 여학생들의 호응이 높아 예상보다 많은 지원자들이 몰렸다. 특별히 안 목사님 내외분의 신앙에 기초한 교육철학과 헌신적인 지도가 지역사회의 호응을 얻고 황등중학교와 일신중학교는 남녀공학이라는 점이 학부모들의 기피 대상이 되어 두 학교의 학생 모집에 지장을 초래하는 결과가 되기도 했다.

안봉걸 목사님 내외분

  특히 신황등교회에서는 일신중학교 이사장이신 김선
길 장로님을 중심으로 안 목사님의 학교 운영을 반대하는
목소리가 높았다.

3. 학교 운영 갈등으로 안봉걸 목사님 청주로 떠나다

"목사가 목회에 전념해야지 왜 학교까지 운영하느냐"라고 추궁하는 입장과 "신황등교회에 청빙 받을 때 학교를 운영하기로 약속했고, 복음 선교를 위한 학교 운영이므로 목회에 지장이 없다"라는 입장이 맞서서 갈등이 커졌다. 이에 학원 선교의 목적에 적극 호응하고 안 목사님을 지지하는 성도들과 이를 반대하는 입장이 감정적으로까지 심하게 대립하는 상태가 됐다. 결국 안 목사님이 교회의 화평을 위해 떠난다며 1962년 12월 청주제일교회로 목회지를 옮겨 이임하셨다.

Ⅲ. 정규 여자중학교 설립 추진

1. 부지 매입과 이사회 조직

이에 안 목사님을 지지하던 성도들과 우리 지역 여중학교의 필요성에 공감하는 임익수, 임귀복, 최성택, 고환국 씨 등 일부 지역사회인이 힘을 모아 부지를 매입하고 교사를 신축하면서 정규 여자중학교를 설립키로 하고 재산을 출연하여 재단을 구성하고 문교부의 정식 인가를 추진 하였다.

최기장 장로님과 김희갑 장로님을 중심으로 홍갑희, 이 종천, 한용석, 최상옥, 양광렬 집사님을 이사로 이사회를 조직하고 공사의 경험이 있으신 최기장 장로님을 공사 책 임자로 정하였다. 최 장로님께서 "쌀 300가마면 석조로 5 개 교실을 건축하고 인가 취득할 수 있다"라고 하여 김희 갑(60가마), 한용석(60가마), 이종천(60가마), 홍갑희(40가마), 최상옥(20가마) 집사님들이 갹출하여 공사에 착수하고, 당 시 학교에 재직하던 김규태, 황순식, 노병준 세 분의 교사 가 추후에 20가마씩 희사키로 약정하였다. 그렇게 300가 마를 예상하고 공사를 진행하고 문교부 인가를 추진했다.

2. 한용석 집사를 이사장으로 선임하여 건축 공사와 인가 추진을 위임하다

그러나 반대하는 입장의 성도들과 이웃 학교의 반발로 공사가 지연되자 경비가 추가되었다. 인가를 추진하고 공 사를 진행하는 동안 공사비와 인가 추진 경비가 예상보다 초과되자 수시로 이사회를 개최하고 대책을 논의하였다. 그러던 중 당시 미곡상을 활발히 운영하시던 (나의 부친) 한 용석 집사를 이사장으로 선임하고 재정문제를 포함한 모

든 것을 위임하여 추진케 하고 가을에 추수하여 공동 분
담하기로 결의하였다. 그리고 공사 추진과 설립 인가의
모든 책임을 위임받은 한 이사장은 평소 친분이 있는 우
리 지역 출신의 임익두 교수를 명예 이사장으로 추대하여
중앙에서 대외적인 교섭을 담당하고 활동하도록 하였다.

3. 설립 추진공사 기간 기적의 성업을 이루게 하시다

나의 부친께서 미곡상을 운영하시는 기간에 우리 고장
에 미션 스쿨을 세우시고자 하는 하나님의 특별하신 은총
과 섭리가 계셨고, 아버지께서 지역사회의 두터운 신망을
바탕으로 강력한 추진력과 사업 수완을 발휘하여 학교 공
사가 기적적으로 활발히 진행되었다. 한창 미곡상이 성업
을 이룰 당시에 서울 역전 동자동에서 크게 미곡 도매상
(대창 상회)을 운영하시던 계이승 장로님(황등교회 설립자이신
계원식 장로님의 차남)이 하신 말씀이 생생히 기억난다. 1963
년 가을, 내가 한국신학대학에 재학하던 당시, 아버지를
뵙고 학비를 받기 위해 계 장로님의 사업장으로 갔을 때
계 장로님은 감탄스러운 표정으로 말씀하셨다.
"하나님의 섭리가 정말로 놀랍다. 학교 설립을 지원하
시는 하나님의 인도하심이라고 밖에 말할 수가 없구나.
오죽하면 서울 상인들이 한용석 집사가 쌀을 가져올 때는

가급적 사지 말아야 한다고 할 정도란다. 한 집사가 가져온 쌀을 팔고 내려가면 곧 시세가 떨어지고, 다시 한 집사가 쌀을 가져오면 값이 올라가니 이는 사람이 할 수 있는 일이 아니지 않겠니?"

그 당시 서울행 기차 화물칸에 쌀 200~300가마를 실은 후 용산역에 내려 도매상들에게 쌀을 팔고는 포대에 현금을 담아 가지고 내려왔는데 기차를 타고 내려오는 동안 쌀값이 떨어졌다. 반면 지방에서 쌀을 싸게 구입해 서울로 싣고 가는 동안에 쌀값이 상승하니 그 차액이 많아서 크게 이익을 보게 되었다. 그처럼 성업을 이루게 하시어 얻은 소득을 학교 설립 추진에 쓰이게 하신 하나님의 이끄심의 섭리였던 것이다. 그러나 그렇게 주님의 도우심으로 크게 소득을 냈음에도 학교 설립 공사를 완공한 후에 결산을 해보니 300가마가 소요될 것이라던 예상과는 크게 차이가 나는 1,615가마가 소요되었다.

4. 크게 초과된 사업비로 길어진 논란

하나님의 섭리로 미곡상 운영이 성업을 이루시던 부친에게는 이사장으로서 인가를 추진하고 공사하는 동안 시설비와 제반 경비를 대납하여 예정된 학교 시설을 완공하셨다. 사업을 시작하기 전, 인가를 취득하면 추수 후 결산하여 분담키로 약속했지만 예상을 뛰어넘는 엄청난 재정이 투입되자 이사진 모두가 겁을 내고 부담을 느껴 책임을 회피하는 분위기가 되어 도무지 대책이 세워지지 않았다.

그런 가운데서도 하나님께서 당시 서리 집사에 불과한 나의 부모님께 용기와 능력을 주셨다. 신앙의 열정, 기도로 혼신의 힘을 다해 주님의 일에 뛰어든 부모님을 하나님은 미곡상 사업의 호황으로 큰 수익을 내게 하셨다. 그리고 지역 주민의 절대적인 신용을 바탕으로 보관증 한 장만 있으면 주민들이 농사한 쌀을 수십 가마씩 맡기고 필요할 때 언제나 찾아 쓸 수 있도록 축복하셨다.

그 당시 실로 수천 가마씩의 재정을 활용하셨으므로 학교 설립 당시의 엄청난 재정을 감당할 수 있게 하셨음은 보이지 않는 하나님의 손길이 이끄신 놀라운 축복이요 기적이었다. 하나님께서 부친께 허락하신 과감한 추진력과 지혜로 가능한 일이었다. 그럼에도 결코 쉬운 일은 아니었다 하나님의 인도하심과 은혜 가운데 추진하였다고는 하지만 그 과정에서 너무 큰 부담을 느낀 부친께서는 몇 번씩 졸도를 하시고 뒷머리에 군데군데 탈모증이 생길 만큼 마음고생을 하셨다.

이렇게 힘겹고 고통스러운, 그러나 영광스러운 과정을 거쳐 5개의 교실을 가진 석조 건물이 완공되고, 인가를 취득하는 기적의 역사가 이루어졌다. 그러나 강한 부친에 대한 주민들의 신용으로 보관미를 끌어당겨 투자한 재정적 부담은 홀로 감당하게에는 너무도 벅찼다.

예상 밖으로 불어난 엄청난 투자액에 이사들은 대책을 세우지도 못했다. 저녁마다 한 이사장 댁에 모여 대책을 논의했지만, 답이 나오지 않았고 서로 걱정만 하다가 헤어졌다. 다음날 다시 모여 또 대책 없이 걱정만 되풀이하는 지리한 상태가 계속되었다. 그러는 동안 때로는 원망과 불평이 오가고 논쟁이 격해지는 일도 생기며 해답 없는 논란이 수개월 동안 지속되었다.

5. 최인례 권사(나의 모친)의 신앙적 결단

해결책이 없는 논란이 지루하게 이어지는 것을 지켜보던 나의 모친(최인례 권사)께서 참다못해 양해를 구하고 이사회 자리에 참석하셨다.

어머니께서는 부친의 사업 과정에서 보여주신 역할과 신앙적인 열정으로 남자들 못지않은 리더십을 보이셨기에 이사진 중 누구도 어머니의 참여와 발언을 표면적으로라도 탐탁지 않아 할 수는 없었다.

"이사회에 참석하는 무례를 용서하시고, 제 의견을 깊이 새겨주시면 감사하겠습니다. 그간 제 남편이신 한 이사장께서 여러분의 약속을 믿고 학교 건축과 문교부 인가를 위해 막대한 재정을 투입하고 온갖 고충과 시련을 겪었습니다. 이 모습을 지켜보면서, 또 함께 일해 온 사람으로서 지난 수개월간의 이사회 진행과정을 볼 때 도저히 해결점이 보이지 않기에 제가 감히 여러분께 분명한 해결책을 제안하고자 합니다.

학교 설립 운영의 희망적이고 발전적인 장래를 보고 투자를 함께 분담하기로 했지만, 예상외로 막대한 투자가 되어 분담하기 어렵게 되니, 서로 해결책 없이 한 이사장에게 미루고 있는 것이 지금의 상황입니다. 학교가 잘 되면 각자 주인으로서 몫을 갖게 되고 안 되면 한 집사와 우리 가정이 모든 것을 짊어지고 책임져야 할 상황인데, 여기서 두 길 중에 한 길을 택하시라고 감히 제안합니다.

약속대로 현재까지의 투자액 1,615가마를 이사님들이 균등하게 2개월 안에 분담 납부하시던가, 그게 불가능하시면 처음에 출자하신 원금을 회수해 가십시오. 현재도 단독으로 빚을 지고 있는 상황에서 출자금 전체를 저희

가정에서 부채로 안고 학교 운영을 전적으로 우리가 맡아하도록 하고, 제가 그 학교 앞에서 떡장수를 해서라도 부채를 해결하면서 하나님의 도우심을 믿고 남편과 함께 학교를 운영하도록 하겠습니다."

이에 공사 착공과 설립 추진 초기 투자했던 분들은 자신들의 투자금을 한 이사장이 전액 반환하는 형식으로 회수해가고, 이종천 이사만 끝까지 같이 하겠다고 다짐했다. 홍갑희 집사는 조건 없이 투자금 전액(40가마)을 희사하겠다고 선언하자 모든 것이 마무리되어 그날부터 한 이사장 내외분이 학교 운영의 전적인 책임을 떠맡았다.

Ⅳ. 기도의 용사가 되신 한 이사장 내외분

1. 남편 구원과 학교 설립의 토대가 된 어머니의 피땀 어린 눈물의 기도

이렇게 한 이사장 내외분의 과감한 신앙적 결단이 나오기까지는 어머니께 복음의 씨를 심으신 하나님의 높으신 경륜과 연단의 과정이 점철되어 있다.

시아버지의 인정을 받고 그 격려에 힘입어 열심히 신앙에 정진하신 어머니는 남편의 구원을 최우선 기도제목으로 삼았다.

　　18세(남편은 17세)에 혼인하고 시댁에 와보니 남편은 훤칠한 키에 외모가 번듯하게 잘 생긴 미남이었지만, 도박을 즐기고 술도 곧잘 하는 당시의 한량이었다.

부모님의 결혼 기념사진

그래서 몇 차례 살림이 바닥나고 빚더미에 앉게 되는 굴곡진 생활을 하다가 사람의 힘으로 되는 일이 아니라고 느끼신 뒤에는 작정하고 기도에 정진하셨다. 새벽기도는 말할 것도 없고 기회가 닿는 대로 부흥집회며 기도원에 열심히 찾아다니면서 열정을 다하셨다. 그러는 가운데 방언도 하고 환상도 보면서 하나님의 크신 은혜를 누렸다.

정읍신광교회를 시무하시던 김용안 목사께서 설립하신 60~70년대 은혜동산으로 널리 소문났던 남경산 기도원이 유명했는데 어머니는 이 기도원의 집회 때마다 참석하셨다. 중요하고 절박한 기도 제목이 생기면 남경산 기도원에 올라가서 며칠씩 금식하고 주님께 매달려 문제의 응답을 받고 돌아오시곤 했다.

그런 영적 기도의 생활을 통해 여중학교 설립인가와 학교 공사가 추진될 수 있었다고 생각한다. 주님의 사랑의 응답으로 음성을 들으시고 환상을 보면서 은혜를 받은 체험이 학교 설립의 영적 토대를 확립시켰던 것이다. 집안은 물론 당시 모든 교회와 기도원들이 마룻바닥이었으므로 매일 몇 시간씩 무릎을 꿇고 기도하신 어머니의 발등과 정강이에는 굳은살이 박여 있을 정도였다. 그리고도 모자라 교회에서 새벽 기도회를 마치고 나면 공사 중인 때나 완공 후에도 학교 현장의 돌로 쌓은 바깥벽을 몇 바퀴씩 감싸 안고 돌아가며 몇 년, 몇 개월씩 기도를 계속하셨다.

어머니의 이런 열정을 알게 된 한 이사장께서도 부인과 함께 새벽 기도회에 출석하게 되고 기도원에도 동행하게 되면서 신앙생활에 깊이 동참하게 되었다. 훌륭한 영적 지도자셨던 안봉걸 목사님께 신앙 지도를 받고 학원 선교의 사명을 깨우침 받은 이사장님은 바로 선 신앙으로 학교 설립 추진의 주체가 되고 주도적이고 중추적인 역할을 감당하는 하나님의 일꾼이 되셨다. 학교 설립과 관련된 한 이사장님의 헌신은 신앙을 통해 사명을 깨닫게 하신 하나님의 섭리였고, 그 섭리에 순종했기에 하나님이 주시는 축복을 누리셨다.

"아내들아 이와 같이 자기 남편에게 순종하라 이는 혹 말씀을 순종하지 않는 자라도 말로 말미암지 않고 그 아내의 행실로 말미암아 구원을 받게 하려 함이니" – 베드로전서 3:1

2. 환상과 음성을 통한 기도 응답들

학교 설립 추진 과정에서 주께서 어머니께 보여주신 많은 기적 같은 응답이 있었다.
그 중 몇 가지만 서술하면 다음과 같다.

(1) 아론의 지팡이

학교 설립인가 취득을 위해 제반 준비를 하고 문교부를 출입하는 기간에 그 추진 과정이 너무 힘겹고 어려워서 남경산 기도원에 올라가 주님께 매달려 철야기도 중 새벽에 들려주신 주님의 음성이다.

"내가 아론의 지팡이에 싹이 나고 꽃이 피고 살구 열매를 맺게 하지 않았느냐. 왜 걱정하느냐. 내가 너희와 함께 하느니라!" – 민수기 17:8

어머니는 이 환상을 보신 뒤 하나님이 주신 사명을 재차 확인하며 더 큰 자신감을 얻으셨다. 산에서 내려온 뒤에는 어떠한 어려움이 있어도 감격스럽고 감사한 마음으로 설립에 필요한 일들을 추진하셨다.

(2) 황등산 꼭대기에 태극기를 꽂다

설립 인가를 적극적으로 반대하는 모 인사가 황등역 대합실에서 기차를 기다리는 주민들 앞에서 "여중학교가 인가 나면 내가 열 손가락에 장을 지지고 하늘로 올라가겠다"라고 장담할 정도로 당시 분위기는 좋지 않았다. 인간적으로 초조하고 긴장된 상황이었지만 주님의 섭리를 믿고 조만간 설립인가가 나오리라고 믿으며 금식 기도를 하는 중이었다.

1964년 11월 11일 밤 꿈에서 어머니가 태극기를 들고 황등산 꼭대기를 향해 달려 올라가 그 정상에 태극기를 꽂고 "할렐루야~~, 만세"를 불렀다고 하셨다. 그런데 다음 날인 1964년 11월 12일 설립 인가를 취득했고 그 감격을 되새기면서 설립 인가된 그날(11월 12일)을 학교 개교 기념일로 지켜오고 있다.

(3) 학교 인가를 추진하던 초기 어머니께 보여주신 또 하나의 꿈 이야기

학교 인가 추진에 한참 열중하던 어느 날 꿈에 설립 주체가 되신 10여 명의 관계자들이 둘러앉아 회의를 하면서 참석자 모두가 손에 달걀 하나씩을 들고 있는데, 한 이사장과 김규태 선생의 손에 있는 계란이 곯아 주르륵 물이 흘러 내렸다는 것이다.

어머니께서는 "학교 인가 과정에 두 분이 헌신적인 역할을 하게 될 것 같다"라고 그 꿈을 해석하셨다.

세상적으로는 아무런 욕심이 없던 어머니는 오로지 기도생활, 예배생활에만 힘을 쓰셨다. 그런 어머니에게 주님이 세상이 알 수 없는 지혜를 환상을 통해 주셨다고 나는 생각한다. 환상을 보고 곧 사라지면 그 자체로는 꿈이나 다를 바 없는 허상이지만 어머님이 보신 환상들은 곧 그 해몽대로 대부분 응답이 되었기 때문이다. 주님밖에 몰랐던 어머니를 하나님은 환상을 통해 뜻을 보이시고 사용하셨다.

"무익하나마 내가 부득불 자랑하노니 주의 환상과 계시를 말하리라" – 고린도후서 12:1

3. 한용석 집사와 이종천 집사 장로 피택

한 이사장의 학교 운영에 신앙적으로나 정신적으로 큰 위로와 힘이 되는 동지가 되어 주신 분이 이종천 이사님이시다. 나도 개인적으로 이종천 이사님의 순수하고 열정적인 신앙과 인격을 존경해 모셨으며 그분이 교회와 학교에 남기신 공적과 자취를 잊을 수가 없다.

1968년 가을로 기억된다.

교회의 중진이시고 미션 스쿨의 운영 주체되시는 한용석 집사와 이종천 집사를 장로로 임직케 하여 학교 발전과 교회 봉사에 임하게 하고자 하는 배응모 목사님의 뜻이 있어 장로 피택이 추진되었다.

긴장된 분위기에서 공동의회가 개최되었다.

두 집사의 장로 피택을 지지하는 쪽이나 반대하는 쪽이나 서로 최선을 다해서 성도들을 동원(?)해 투표에 참여했다. 전체 참석 인원의 2/3의 찬성이 있어야 피택이 될 수 있어 한 표, 한표가 소중한 긴박한 상황이었다. 1차 투표 결과 233명 중에 한용석 집사가 155표, 이종천 집사가 143표로 집계됐다. 이에 배응모 목사께서 잠시 선거관리위원들과 상의하더니 한 집사가 피택 되었음을 선포하려는 순간, 내가 큰 소리로 "의장! 아닙니다. 155.333이 2/3이고, 투표에서 사사오입이 될 수 없는 것이 법이므로 피택이 안 된 것입니다"라고 주장했다.

당시 나는 25세의 총각 집사였다.

연만하신 고만영 장로님께서 쫓아와서 "한 집사! 이게 누구 일인데 이렇게 소란을 부리는 거야?"라고 꾸짖었지만 나는 "잘 압니다. 다름 아닌 우리 아버지 장로 피택 문제입니다. 그래서 더욱 안 되는 것입니다"라고 주장했다.

결국 2차 투표에 임해서 한 집사와 이종천 집사 두 분이 무난히 피택되고, 이듬해인 1969년 3월 21일 함께 은혜롭게 장립식을 갖게 되었다. 그 때, 사사오입 상황을 그냥 넘겼다면 아버지께서는 평생 사사오입 장로라는 오명을 안고 사셨을 것이기에 재투표로 떨어질 수도 있던 상황이었지만 빠르게 개입을 했던 것이 올바르고 마땅히 해야 할 판단이었다고 생각한다.

"여호와는 의로우사 의로운 일을 좋아하시나니 정직한 자는 그의 얼굴을 뵈오리로다" – 시편 11:7

4. 옥고도 이기신 기도의 용사

1973년 6월 15일 연세대 교육대학원을 원거리 통학하던 당시, 기차에서 내려 피곤한 몸으로 집에 들어서자 아내가 우물가에 앉아 빨래를 하고 있었다. 아내는 기척을 해도 힘없이 하던 일만 계속했다. "나 왔어!"라고 소리를 높이니 그제야 돌아보며 "아버님이 구속되셨어요"라고 말했다. 그야말로 청천벽력이었다.

영문을 몰라 어리둥절하다가 정신을 차리고 알아보니, 평소 피해의식을 가지고 있던 S 장로가 J 집사를 앞세워 일을 꾸몄던 것이었다. J 집사는 군산의 영향력 있는 A 장로를 통해 당시의 P 경찰국장과 L 검사와 공모하여 배임 혐의를 씌워 부친을 구속했다. 오래전에 협소한 운동장을 넓히면서 토지 매입 과정의 사무 처리 미숙으로 발생한 일을 절차상 위법한 것으로 치부하여 힘으로 형사 처분을 추진한 것이다.

전주 경찰서 유치장에 계시던 부친을 면회하고 기도로 극복하시자고 말씀드렸더니 "처벌받을 만큼 위법한 일이 없으니 차분하게 대응하면 문제없을 것이다"라며 모든 것은 주님께 맡기고 기도하면 승리할 수 있음을 오히려 확신하고 계셨다.

유신 개헌 직후 구속적부심도 없어진 시기였기에 막막했다. 절차가 진행되는 동안 판검사들의 휴가철까지 끼어 있어 예상보다 오래 고생하지 않을까 염려하였다. 그러나 주님의 손길이 이끌어주실 것을 믿었다. 검사장이 사건 배당을 2호 검사인 L 검사가 아닌 1호 검사인 P 검사에게 맡겼고, 내가 P 검사실에 찾아가 대화하고 호소하는 등의 노력 덕분인지 합리적이고 신속한 조사가 이루어졌다. 부친은 구속된 지 15일 만에 그야말로 기적적으로 기소유예 처분을 받고 석방되셨다.

좋지 않은 감정을 가지고 아버지를 구속하도록 공모했던 S 장로님은 후에 지병으로 작고하셨는데, 조문을 망설이는 아버님을 모시고 발인식에 참석하여 조문했던 일은 지금 돌이켜 보아도 잘한 일이라고 생각된다. 성도들의 용서와 아량은 세상 사람들과는 뭐가 달라도 달라야 한다. 하물며 아무런 죄도 없고 해코지도 입힌 적이 없는 아버지가 장례식을 피할 이유는 없었다. 비록 억울한 누명을 씌웠지만 그래도 용서하는 마음으로 하늘로 떠나시는 길을 위해 기도해주는 것이 마땅히 다른 성도들에게 보일 본이었다고 생각한다.

"모든 겸손과 온유로 하고 오래 참음으로 사랑 가운데서 서로 용납하고" – 에베소서 4:2

V. 고교 설립과 산업체 특별학급(야간부) 설치 운영

1. 지역 사회의 고등학교 설립 요청

1960년대 말 한국의 사회·경제적 발전으로 향학열이 높아지고 있었다. 그러나 황등에서 이리 시내로의 고교 진학은 농촌 가정의 경제적 형편과 당시 원활하지 못한 교통수단에 막혀 쉽지 않았다. 특히 여학생들의 통학이 쉽지 않아 지역 여건에 맞는 여자고등학교의 설립이 지역 사회의 절실한 희망사항이었다.

제반 여건이 부족한 상태였지만 우선 여자 중학교 자리에 1학급 규모의 여자상업고등학교를 설치했다. 그리고 1970년 말부터 71년 초에 고등학교 진학의 기회를 놓친 황등여중 졸업생을 중심으로 1년간 학비를 면제해 주는 조건으로 가정도 방문하고 개인적으로도 찾아가서 적극적으로 학생을 모집했다. 1971년 3월, 망설이는 입학 대상자들을 설득하여 모은 42명의 신입생들을 내가 담임 교사를 맡아 당시 여중학교 자리에서 고등학교를 병설 개교했다.

1회와 2회 입학생은 1학급씩, 3회와 4회 입학생은 2학급씩 모집했다. 4회 입학생부터는 4학급을 승인받아 학생을 모집하였다. 점차 학급도 증설하고 교직원들의 헌신적 노력까지 뒷받침이 되자 지역사회의 적극적 호응이 일어나 안정적인 학교 운영의 기틀이 세워졌다.

공사현장에서 손수 작업을 지도하시는 한 이사장님

속히 시설을 확충하여 중·고등학교를 분리하고 교육 여건을 갖추어야 하였으나, 재정 상황이 너무 좋지 않았다. 오히려 중학교 설립 초기부터 쌓인 부채와 높은 이자를 부담하느라 시달리는 입장이어서 엄두를 낼 형편이 아니었다.

1972년 초 어느 날 고심 끝에 용기를 내어 처가를 찾아가 장인어른께 무리한 부탁을 드렸다. 처가는 시내 중심부의 1,000여 평 부지에 주택을 짓고 일부는 밭으로 경작을 하고 있었는데, 밭의 절반 정도를 매각하여 고교 신축에 지원해 주시면 큰 도움이 되겠으니 투자해 주시고 처남과 함께 고등학교를 잘 육성, 발전시킬 수 있도록 후원해 주실 것을 간곡히 부탁드린 것이다.

이리 성결교회 장로님이셨고, 나에 대한 애정과 신뢰가 절대적이셨던 장인어른께서는 감사하게도 그 자리에서 흔쾌히 승낙해 주셨다.

그렇게 처가의 재산 절반을 처분하여 마련한 자금으로 매입해 놓았던 황방 부락의 대지(현 고교 위치)에 고등학교를 신축하고자 했는데 그래도 예산이 많이 부족해 초등학교 친구인 전주 상업은행 차영석 대리에게 대출을 부탁했다. 덕분에 당시 필요한 건축 자금 중 상당액을 대출받아 건축 공사에 착수할 수 있었다.

고교 신축 기공식에서 사회를 보고 있다.

이사장님 내외분과 이사님들이 기공 시삽을 하고 있다.

황등초등학교 교실 철거 자재 수습하는 모습
(왼쪽에서 세 번째 흰 점퍼 차림이 이사장님)

때마침 일제강점기 때 목재로 튼튼하게 잘 건축된 황등초등학교 교실 한동이 현대식 철근 콘크리트 건물로 개축할 계획이었다. 당시 건축에 조예가 깊어지신 부친(이사장)께서 교육청의 불하를 받아 정성 들여 철거를 진행해 창틀과 지붕 자재(갓쇼) 등을 재활용할 수 있었다. 이로 인해 신축 예산을 크게

신축하고 있는 고교 본관의 초기 모습(1977년)

절감할 수 있었음도 주님의 은혜요 감사한 일이 아닐 수 없다.

그렇게 힘겹게 분리 신축 공사를 통해 11개 교실 규모의 시설을 개축하여 1976년 3월 6일 내가 교장으로 취임하면서 8학급 480명의 학생으로 현 위치에 고등학교를 분리 이전 개교하였다.

2. 또 다른 소외 계층을 위한 야간부 개설

급한 위기를 넘긴 후 고등학교는 안정적으로 운영되고 있었다. 하지만 아직도 고등학교를 입학하지 못한 또 다른 소외계층이 있었다. 당시 전국 이런저런 기업체에서 산업체 부설 야간 특별학급을 운영하고 있었는데, 이사장님께서 집을 떠나 외지에서 특별학급을 다닐 수밖에 없는 딱한 우리 지역 학생들을 위해 취학의 기회를 제공하는 것이 시대적 요청이라고 말씀하셨다. 당시 유행하던 일본 기업의 반제품 수공업 하청(일명 시보리)을 받아 운영하는 소규모 공장 시설을 갖추고 뒤 터에 아담하게 기숙사를 신축하여 1학급 60명의 학생을 모집하고 야간학교를 운영하였다.

헌신적이고 열정 넘치는 이사장님은 공장 시설과 기숙사 공사는 물론 식당 운영과 기계 시설 조작에 이르기까지 손수 불철주야로 몸 바쳐 일하셨다. 학생들을

학도호국단 시기 이사장님과 한 교장이 열병하고 있다.
우측 위에 사라진 옛 황등산이 보인다.

작업하는 야간부 학생들을 내빈과 학부모들이 참관하고 있다.

제 자식처럼 귀하게 생각하는 이사장님의 노력과 교직원
들의 눈물겨운 희생이 바탕이 되어 1학급이지만 야간 산
업체 특별학급을 운영하였다.

지금 돌이켜보면 낮에는 공장에서 작업하고 야간에는
수업을 했던 학생들의 어려움과 주야를 오가는 교직원들
의 헌신이 너무도 안타깝고 고맙게 느껴진다. 2년간의 악
전고투라고밖에 표현할 수 없는 눈물겨운 헌신에도 결국
지속이 불가능하다고 생각되어 중단할 수밖에 없었다. 그
나마 이들의 희생과 노력이 있었기에 2년이라도 불가능
을 극복하고 유지할 수 있었다.

Ⅵ. 20년이 지나도록 청산 못한 설립 당시의 부채

1. 1960~70년대의 높은 이자율

황등 지역에는 우리 집보다 월등한 재력을 갖춘 유력한 인사들도 있었지만 하나님은 우리 부모님을 특별히 들어 사용하셨다. 모친의 신앙적 열정, 부친의 강한 추진력 그리고 지혜를 들어 쓰시고자 하는 하나님의 경륜이 무에서 유를 창조하듯 학교 설립을 이루셨다. 하나님께서는 막대한 재정이 투입되는 교사 신축이 이루어지도록 미곡상 사업이 기적적인 호황을 이루게 하셨다.

그러나 예상보다 엄청난 재정이 투입되어 급한 대로 주민들이 맡겨놓은 보관미를 활용하여 시설과 경비의 지출을 감당할 수밖에 없었다. 신용을 생명으로 알고 철저히 지켜 지역 주민의 신망이 두터웠던 부친이 써준 미곡 보관증 덕분에 엄청난 재정이 소요되는 학교 설립이 가능했다.

부친은 매년 가을마다 높은 이자(당시 연 40~50%)를 지불하면서도 보관미를 활용하여 학교 설립 인가 경비와 시설 사업비 및 매월 지급되는 교직원의 봉급 등의 학교 운영 경비를 메꾸어 갔다.

2. 미곡상 운영 사양 사업화되다

그런데 학교 시설이 완공되고 학교 설립 인가가 확정될 무렵부터 미곡상 사업이 점차 시들해지기 시작하였다. 정말 신기한 일이었다. 아무리 모든 산업이 흥망성쇠가 있고 싸이클이 있다지만 갑자기 역대급 호황을 맞던 산업이 거품꺼지듯 가라앉았다. 지금까지의 엄청난 사업 수익과 호황은 인간의 노력과 능력으로 된 것이 아니요, 하나님께서 전적으로 섭리하시고 지원하신 것임을 깨닫게 하시는 것 같았다.

정부의 물가 안정화 정책을 통한 미곡 수매사업이 시작되면서 이중곡가 제도가 실시되고 서울지역으로의 화차 수송 미곡 사업은 중단 되었다. 대신 지역의 정미소마다 소규모 도매상들이 트럭을 이용하여 다양한 방법으로 도시 지역과 미곡 도소매를 직거래하면서 미곡상은 점차 사양사업이 됐다. 부친은 부채에 대한 높은 이자와 학교 재정을 메꾸어 가는데 어려움이 가중되어 빚더미에 짓눌리게 됐다.

3. 업종 변경으로 부채 해결을 위한 몸부림

이에 재정적 곤경을 돌파하고자 부친께서는 우리 지역에서 활발했던 석산으로 눈을 들리셨다. 낭산에 석산을 구입해 채석장을 운영했지만 그마저도 실패하고 말았다. 심지어는 서대전의 대형 연탄 제조 공장과 계약을 맺고 기차 화물칸에 연탄 완제품을 황등으로 운송하여 황등 역전에 창고를 짓고 연탄 도매업을 시도했지만 학교 설립 초기부터 누적된 부채를 청산하기에는 역부족이었다.

지금도 황등역 인근에 당시 연탄창고의 흔적이 일부 남아있다.

4. 부자지간의 학교 경영권 인수 제안

부친께서는 1960년대 초부터 학교 설립과 운영의 책임을 맡아 하나님의 섭리를 의지하면서 앞만 보고 달려왔으나, 부채는 날로 누적되어 가고 미곡상 등 개인 사업은 점차 수익성이 떨어져 가면서 급기야 부채를 감당하기 어려운 상태에 이르셨다.

1981년 말 어느 날, 초저녁에 앞뒷집에 나란히 사시던 부친께서 부르셔서 방에 들어서니, 내외분이 어두운 표정으로 나를 대하셨다. "이대로 가면 내 생전에 빚을 못 갚고 하나님 앞에 가겠으니, 네가 이 부채를 맡아 감당하고 학교 운영의 전권을 인수해라!"라고 말씀하셨다. 내가 감당할 수 없는 뜻밖의 말씀이셨다.

"하나님께서 섭리 가운데 이끄셔서 여기까지 왔고 앞으로 힘이 들더라도 잘 견뎌나가면 주님께서 길을 열어주시지 않겠습니까? 아직 아버지, 어머니께서 건강하시고 연세(당시 61세)도 젊으신데 그런 말씀은 거두세요"라고 거듭 만류해도 지금의 상황이 너무 감당하기 힘겹고 고통스럽다는 말씀을 되풀이하셨다.

부모님의 뜻을 거역하는 것이 도리가 아니라고는 생각되었지만 당시 내 능력으로는 부채를 감당할 수 없을 것 같다고 말씀드렸더니 "네가 재력이 없는 줄은 알지만, 1년 전 시민문화회관에서 열린 진경축전의 분위기와 그동안 네 역량을 보니 주변에서 도울 사람이 많을 것 같다"라고 하시며 강권하셨다. 결국 "그러시면 남수 형님이 이사장을 맡고 제가 교장을 맡아 학교 운영을 하는 것이 순리일 것 같습니다"라고 말씀드렸더니, "네 형이 무슨 돈이 있고 능력이 있겠느냐?"라고 하셨다.

당시 아버지 부채의 절반가량은 남수 형님의 처남 L 씨의 자금이었기에 그 말씀을 드리고 "형님과 처남 L 씨가 같이 하면 되지 않을까요?"라고 말씀드렸다. 전후 사정을 들은 아버지는 그 밤에 형님 내외를 바로 불러 같은 말씀을 하셨다. 형님 내외분 역시 도저히 감당 못한다고 강하게 반대하셨다. 그러자 아버지는 그 자리에서 나를 다시 부르셨다.

형님 내외를 앉혀 놓은 자리에서 내게는 처음 말씀하시는 것처럼 말씀을 되풀이하시기에 거듭 사양하다가 하는 수없이 "연구해 보겠습니다"라고 말씀드리고 물러 나왔다. 부채로 인해 힘이 들어서 하신 말씀인 것을 충분히 이해하기에 방법을 연구할 수밖에 없었다.

주변의 친구, 선후배를 찾아가 도움을 구하던 중 당시 익산 왕궁면 출신이셨던 송병순 국민은행장과 연결이 되어 도움을 받았다. 우리 지역에서 사업체를 운영하는 두 기업의 L 사장과 K 사장의 명의로 전주에 있는 처남의 건물을 담보로 어렵게 기업 대출을 받았다. 장기 저리 기업 대출 형식으로 부친께서 원하시는 자금을 마련해 6개월 뒤 통장과 도장을 전해 드렸더니 놀라시면서도 반색하시며 안도하셨다. 뒤에 기술하겠지만, 그때 마련해 드린 자금으로 아버지는 오랫동안 부담과 고통 가운데 안고 계시던 빚을 정리하고 2년 뒤 황급히 주님의 부름에 임하셨다. 그동안 잘 버티셨음에도 갑자기 나를 불러 경영권을 넘기시려던 그날이 아니었으면 아버지는 말년을 두렵고 힘든 가운데 보내셨을 것이고 나 역시 학교의 부채를 해결할 수 있는 뾰족한 방법을 찾지 못했을 것이다. 그야말로 다시 한 번 하나님의 놀라운 섭리가 우리 학교와 내 삶을 이끌고 계심을 믿고 감사와 찬양을 주께 올려드렸다.

"너희의 구속자시요 이스라엘의 거룩하신 이이신 여호와께서 이르시되 나는 네게 유익하도록 가르치고 너를 마땅히 행할 길로 인도하는 네 하나님 여호와라" – 이사야 48:17

Ⅶ. 장엄하고 은혜롭게 이끄신 소천의 길

1. 부친의 소천(완벽한 죽음)

"형님, 큰일 났어요!!

아버님이 이상해요. 빨리 와 보셔요!"

새벽, 요란한 전화벨 소리에 놀란 내게 막내 동생의 황급한 목소리가 들려왔다. 아내를 깨우고 우체국 옆으로 이사하신 부모님의 새 주택으로 뛰어가 보니 이게 웬일인가! 아버님이 돌아가신 것이다. 얼굴은 편안하게 잠드신 듯하나, 입술색이 약간 파랗고 한쪽 입술이 힘없이 내려앉아 있었다. 운명하신 것이 분명했다. 아버지 가슴에 손을 얹어보니 이미 심장이 멎은 듯 움직임이 느껴지지 않았다.

"어머니, 당황하지 마세요! 아버님이 운명하셨어요."

놀란 우리와는 다르게 어머니는 담담히 아버지 발치로 옮겨가셔서 무릎을 꿇고 두 손을 높이 드신 채 기도를 드리셨다.

"아버지여~! 우리 한 장로의 영혼을 받아 주시옵소서!"

그 모습을 보며 어머니께서 그동안 그토록 많은 시련을 어떻게 이겨내셨는지를 배울 수 있었다. 이 비통한 순간에도 놀라거나 울부짖지 않고 대신 사랑하는 남편의 영혼을 주님께 의탁하시는 기도로 그 고통과 아픔을 이기셨다. 어머니의 강한 믿음을 느낄 수 있었다. 나는 교회로 달려가 이덕임 전도사께 상황을 알린 후 그럼에도 아버지가 세상을 떠나셨다는 사실을 의사를 통해 확인해야겠다는 생각이 들었다. 평소 가까이 모셨던 당시 이리기독병원장이셨던 이리 중앙교회 김성근 장로님께 이른 새벽이었지만 무례함을 무릅쓰고 전화를 드렸다.

"아버지께서 운명하셨습니다. 다만 주변에서 말이 좀 나올 수도 있는 상황인데 제가 혼자서 감당하기에 너무 어렵습니다. 부담은 갖지 마시고 장로님이 오셔서 확인을 좀 해주시면 감사하겠습니다."

아버지께서는 전날 오후까지 형님댁 신축공사장에서 2층 슬라브 준비 작업까지 감독하시고 오후 7시가 넘도록 부모님 집 옥상에서 장마를 대비해 지붕 손질을 하셨다. 이 모든 것을 동네 사람들이 보았기에 혹시 마을 내에서 이런저런 말이 나올 수도 있겠다 싶어 김성근 장로님께 도움의 손을 벌렸다.

잠시 후 의사 한 사람을 대동하고 김 장로님께서 들어오셨다. 새벽기도 참석을 위해 모인 여러 성도들이 큰 방에 둘러서서 지켜보는 가운데 타액과 항문을 검사해 보시더니 "아무 이상 없고, 과로로 인한 심장마비입니다"라고 말씀하셨다.

나는 충격적인 상황에서도 당황하지 않고 대책을 세워가며 장례 절차를 차분히 진행했다. 지역과 교계의 어른이셨던 아버지의 장례식은 일반적인 장례식과는 규모가 달랐다. 천 명이 넘는 조문객들이 오셨는데도 집에서 모든 장의 절차를 이행, 접대, 준비했기에 교회 성도님들, 교직원들과 선후배 동지들, 지역 유지분들의 적극적인 도움과 협조로 원만한 장의 절차를 이행했다. 지금 생각해도 감사한 일이다.

아버지는 평소 지병도 없으시고 활발하셨기에 백수도 누릴 수 있을 것이라 생각했는데 환갑, 진갑만 지내시고 이렇게 홀연히 주님의 부르심에 임하신 것이 도저히 믿기지가 않았다.

내 아버지라서가 아니라, 세상에 이렇게 완벽한 죽음이 있을까 싶을 정도의 호상이었다.

1주일 전 의사로부터 혈압, 당뇨, 심장 등 건강에 아무 이상이 없다는 확인을 받고 좋아하시면서 어머니께 자랑을 하셨는데 아무런 전조 증상도 없이 이렇게 홀연히 떠나신 것이다. 더 불가사의한 일은 1년 전 내게 학교의 운영권을 인수하도록 권고, 지시하셔서(먼저 형님께 제안하셨고) 자녀들의 갈등 소지도 미리 제거하셨던 일이다.

별세 후에 금고를 열어보니 내가 마련해 드린 자금으로 모든 부채를 정리한 후, 간단한 정리 내역을 남기셨고 앞으로 어머니께서 쓰실 얼마간의 돈이 예금된 통장 하나만을 남겨 놓으셨다. 섭섭함이 있을 수 있는 형님께는 형님 집을 상가와 더불어 2층으로 신축하는데 정성을 다해 감독 공사해 주셨다. 굳이 원인을 찾자면 그로 인해 과로로 운명하신 결과가 되지 않았나 싶다. 그래도 형님의 그간의 서운함을 조금이나마 달래주고 가신 것이라 마음만은 훨씬 편하셨을 것 같다.

아버지는 1982년 J 장로, J 집사가 관계된 그동안의 견해차를 기도로 극복해 승리하시고, 83년 4월 당회 회의록까지 결의 정리하셨다. 교회 35주년 기념행사를 앞두고는 서무부장으로서 교회 내부 수리 공사와 교육관(구관) 건축 공사를 맡아 마무리하시고 행사 10일 전에 운명하셨다. 이에 35주년 기념행사에서 나는 아버지를 대신하여 감사패를 받게 되어 모든 것이 주님의 말씀대로 화합을 이루게 되었다.

"머리를 붙들지 아니하는지라 온 몸이 머리로 말미암아 마디와 힘줄로 공급함을 받고 연합하여 하나님이 자라게 하시므로 자라느니라" – 골로새서 2:19

아버지는 생전 성경 말씀을 제대로 통독 한 번 못하시

고 꿈도 환상도 못 보신 가운데 장로로 시무함을 안타깝고 죄스러워 하셨다. 82년 교회 혼란 속에서 용문산에 들어가 100일 기도를 하시면서 영혼을 깨끗하게 하시고 1주일간 금식기도도 하시면서 꿈도 꾸시고 환상도 보셨다고 기뻐하셨다.

아버지께서 신앙의 진수를 맛보시고 가시도록 이끄신 주님!

아버지가 세상을 떠나기 전 1년 동안 하나님께서는 철저히 소천을 준비시킨 것이라고 고백하지 않을 수 없다.

아버지께서 운명하시고 나니 이곳저곳에 새겨놓으신 온정어린 자취가 드러났다. 주관하시던 종친회, 장로회, 라이온스클럽, 관내 초·중학교 육성회는 물론이고, 어렵게 신학교에 입학해 만학 중이던 유종녀 집사님께는 남모르게 용돈을 쥐어주셨다. 어렵게 지내시는 어느 할머니는 "만날 때마다 손을 꼭 잡고 몇 천 원씩을 쥐어주셨는데…. 그렇게 좋은 분이 오래 사셔야 하는데 너무 서운하게 가셨네요"라고 눈물을 흘리며 애석해 하셨다.

건학정신(잠언 1장 7절) – 여산 권갑석 선생의 휘호

최영숙 권사님, 김필선 권사님은 아버지께서 운명하시기 전후에 "천국의 한 장로 집", "하늘나라에서 흰 옷 입고 성경 가르치는 한 장로님 모습"과 같은 환상과 꿈을 꾸게 하셨다고 간증하기도 했다. 또 아버지는 큰아들 생일에 돌아가셔서 당신의 환갑, 진갑 다음 63세 생신일에 발인하시는 기이한 기록도 남기셨다.

갑자기 운명하셔서 모실 선산도 준비할 시간이 없었다. 그런데 내가 신정부락에 매입해 두었다가 그 무렵 이상일 사장과 매매계약을 하고 미처 매듭 짓지 못한 땅 4,414평 중에서 남쪽 한 부분을 매매가 변동 없이 아버지 모실 장지로 양보해 주어서 아버지를 모셨다. 이듬해 어머니까지 모신 후에도 유용하게 활용되었으니 아버지께서 대지를 지켜주신 결과라고 생각한다.

장례 절차는 은혜롭고 장엄하게 진행되었다. 운구 차량을 국화로 곱게 감싸 단장하고 이리공고 밴드가 참여하여 조가를 연주하고 교직원과 학생 그리고 화환 행렬이 뒤따랐다. 마침 동생 익수를 주님께서 원광대 ROTC 교관으로 발령 대기시켜 주셔서 ROTC 단원들이 정복을 차려입고 도열하여 엄숙한 분위기를 이루었다. 구름이 가려주는 초여름 선선한 날씨에 수많은 조문객의 애도 속에서 영결예배를 마쳤다. 발인일인 6월 25일은 황등 장날이어서 길가를 가득 메운 주민들이 지켜보는 가운데 운구 행렬이 이동했다. 황등지서의 교통경찰이 30~40분 동안 교통정

吊辭
益山의 巨木이시여!

裡一女子高等學校 校長 李 重 杓

青山里 전투에서 倭兵 무찌르고
시베리아 벌판에 獨立軍 세워
救國運動 한길이던 日帝 初期에
全北 益山 黃登面 竹村 마을에
한 별이 태어나니 長老 韓 龍鍚
咸悅에서 修學하고 故鄕땅 찾아
赤手로 事業 벌려 成勢 모으고
篤實한 基督敎徒 마음을 닦아
育英에 큰 뜻 두고 女學堂 세워
이름하여 裡燊이니 참빛 비치네
英特한 아들 두어 이룰 맡기니
컵사리 모방 힘든 수완을 떨쳐
家事는 물론이요 學院 諸般事
머잖아 結實 맺어 大成할 판에
그다지 흔하신지 昊天하셨네
遺族은 물론이고 同僚弟子들
하늘이 무심하다 嘆息뿐이네
그러나 추호라도 섭섭 마소서
빈틈 없이 處理하리다
萬事를 잊으시고 하늘나라에
못다하신 높은 뜻에 힘 다하리니
永生하여 祝福을 누리옵소서
敬虔히 두 손 모아 비옵나이다
모든 누리 두 손 모아 新禱하리다

1983. 6. 옷輪

前 남성중·고등학교 이중각 교장님의 哀悼 詩

리를 해주어서 별다른 문제없이 장지까지 2km 가량을 이동했다. 요즘 같으면 불가능할 일로, 우리 지역에서도 전무후무한 장엄한 장의 절차가 은혜 가운데 마무리되었다.

주변에서 큰살림을 일구어 오신 부친의 갑작스런 소천에 재산 정리나 학교 운영 문제 등에 잡음이 생기지 않을까 염려하기도 했다지만, 모든 일이 조용히 마무리되고 모든 절차가 은혜 가운데 진행됨을 보고 "하나님의 역사하심을 깨닫게 되었고, 우리 가정의 저력을 인정하게 되는 계기였다"라는 칭송을 받았다. 소천하시면서

장지를 향하는 운구행렬.
이리공고 밴드와 ROTC 대원들 그리고 학생들의 도열 모습

▼ 황등 라이온스클럽을 창립하여
초대회장으로 기념식을 진행하는 모습

도 지역 사람들에게 하나님의 이끄시는 손길을 보여주시
는 귀한 그릇으로 사용해주신 주님께 감사를 드렸다. 부
친께서 작고하시고 10년 후인 1993년 정부에서는 교육
발전에 이바지하신 공적을 인정하여 국민훈장을 추서하
였다.

2. 11개월 뒤 어머니 소천

아버지는 젊은 시절 어머니를 무척이나 애타게 하셨으
며 살림을 몇 번씩 뒤엎어 온 가족을 빚더미에 앉게 하셨
다. 어머님은 이처럼 고된 삶의 역경을 신앙으로 극복해

오셨다. 먼저 복음을 받아들이신 어머니의 열정적인 신앙으로 아버지도 완전히 다른 사람이 되셨고 이후 두 분 부부가운데 놀라운 주님의 은총이 임하셨다. 은총 가운데 이끄시는 하나님의 손길을 통해 부모님은 학원 선교의 대업의 기틀을 닦는 축복된 가정을 이룩하시고, 장로 임직까지 하여 교회도 섬기셨다. 험난한 결혼생활이었지만 주님을 만나고 나서는 모든 것이 바뀌어 노년에는 주변에서 모두들 인정할 만큼 금슬이 좋으셨다.

어머니는 아버지보다 1살이 많으셨고 체질도 허약하셨는데 아버지를 먼저 떠나보내신 후에 상태가 더 안 좋아지셨다. 진경의 모든 가족들은 어머니께서 열정적인 기도와 헌신으로 학교 설립 운영의 신앙적 토대를 세우신 공로를 기억하며 제2대 이사장으로 추대하였다. 나의 어머

제2대 최인례 이사장 취임식 예배

님 최인례 권사님은 1983년 7월 10일, 진경학원의 제2대 이사장으로 취임하셨다.

취임식을 마치시고 비교적 평안히 생활하시다가 1984년 5월 23일 아버지가 떠나신 지 11개월 만에 하나님의 부르심을 받았다. 우리는 아버지 장례식 못지않은 엄숙한 장의 절차를 통해 신정부락의 부친 곁에 합장해 모셨다.

3. 두 분이 떠나신 뒷자리

학원 선교의 기틀을 다진 두 분 부모님이 1년 사이 황망히 운명하신 후 얼마 안 되어 이종천 장로님께서 나를 찾으셨다.
이사장 후임을 어떻게 할 생각이냐고 물으셨다.
나는 그 말의 뜻을 알았기에 차분히 설명을 드렸다.
"학교 설립 운영의 공로로 보나 모든 면에서 이 장로님이 이사장을 맡으시는 게 당연한 순서로 볼 수 있지만, 학교의 장래를 생각하면 신중해야 할 사안입니다.
아버님과 장로님이 합의하신 내용의 합의서에 따르면 학교 운영권의 3/4은 저희 가정이, 1/4은 장로님이 행사하시는 것으로 되어 있는데, 제가 장로님을 신앙적, 인격적으로 존경하여 모시는 것은 지금까지와 같이 최상의 예우로 모시겠지만, 법적인 문제가 될 수 있는 이사장의 자리를 장로님께 넘기면 학교 운영의 전권이 장로님 권한으로 행사됩니다. 제 개인적으로는 모든 문제에서 장로님을 어른으로 예우할 수는 있으나 이사장의 법적인 권한은 맡겨 드릴 수가 없는 것이 제도적인 한계입니다.

그리고 장로님이 이사장직을 맡으셨다 하면, 대내적으로도 갈등 요인이 발생하여 학교가 혼란과 마찰이 심하게 되므로 학교 장래를 위해서도 제가 장로님을 최대한 존경하고 섬기면서 학교를 운영하겠지만 그럼에도 이사장직으로 모실 수는 없음을 용서해 주시기 바랍니다."

장로님께서는 내 설명에 동의하시는 듯 별 말씀이 없으셨다. 이후 형제들의 모임에서 형님이 비슷한 질문을 하셨다. 나는 이 장로님께 설명 드린 내용을 다시 이야기한 후 가족들 앞에서 재차 설명했다.
"이 장로님께도 말씀드렸지만, 학교가 안정적으로 운영되기 위해서는 제가 형님을 어른으로 모시고 학교 운영의 책임을 지고 이끌어 가는 것이 평온하게 학교를 운영하는 길이지, 형님이 이사장이 되시면 대내외적으로 우리 형제 사이를 이간시키고 갈등을 조장하는 사람들이 생겨서 학교 장래가 혼란해집니다. 제가 알아서 잘 모실 테니 이해해 주십시오."

옆에 같이 앉아있던 바로 밑의 여동생 남편인 이병문 매제도 나의 의견에 동의하며 거들었다.

"그건 작은 형님 말씀이 옳습니다. 그리고 하나님께서 뜻이 계신 듯 합니다. 2-3년 전에 작은 형님이 아버님으로부터 여러 문제가 있는데도 불구하고 학교를 이미 양도절차를 밟으신 것으로 들었으니 그렇게 큰형님이 이해하시는 게 좋겠습니다"라고 말했다.

모두가 이해하는 것 같아 다행이었고 이사장 자리를 공석으로 둘 수는 없어 추대할 인물을 함께 모색했다. 고심 중에 전주에 살던 사촌 누나가 떠올랐다. 전주여고와 이화여대를 졸업하고 교직생활도 하셨기에 그분을 3대 이사장으로 추대하여 취임하게 하였다.

4. 죽으면 죽으리라! 20일 금식기도

겉으로 보기에는 학교가 평온한 듯 운영되고 있었지만 내 마음에는 이유를 알 수 없는 불안한 느낌이 사라지지 않고 있었다. 마치 하나님이 주시는 불안감 같은 느낌까지도 들었다. 영적인 결단이 필요하다고 느껴 나는 부모님이 세상을 떠나신 지 1년이 지난 1985년 1월 7일부터 20일 금식기도를 작정하고 남경산 기도원에 들어갔다.

에스더의 "죽으면 죽으리라!" 같은 각오로 대책 없이 성경과 찬송만 챙겨들고 기도원으로 들어갔다.

나라의 존망을 위해 목숨을 건 에스더였지만 나도 비슷한 상황에 처해 있었다. 교육은 백년지대계를 넘어서 나라의 부국과 존치가 달려 있는 가장 중요한 일이다. 세계에서 가장 넓은 인재풀을 보유하고 있는 유대인들은 중세시대부터 교육을 가장 중요하게 여겼다. 로마에게 점령당했을 때도 가장 먼저 내 건 조건이 학교를 부시지 말아달라는 요구였다. 탈무드의 1대 편찬자인 아카바는 "나라가 망하지 않으려면 아이들을 가르쳐야 한다"라고 입버릇처럼 말하고 다녔다. 이토록 중요한 인재들을 성경이 가르치는 지혜와 영성으로 키워내는 것. 이 일은 나뿐 아니라 우리나라를 위해서도 누군가가 반드시 해야 할 중차대한 하나님이 맡겨주신 사명이었다.

"당신은 가서 수산에 있는 유다인을 다 모으고 나를 위하여 금식하되 밤낮 삼일을 먹지도 말고 마시지도 마소서 나도 나의 시녀와 더불어 이렇게 금식한 후에 규례를 어기고 왕에게 나아가리니 죽으면 죽으리이다 하니라" – 에스더 4:16

나중에 알고 보니 장기간의 금식은 사전에 조금씩 양을 줄이고, 끼니를 줄이는 방식으로 준비기간을 가져야 했다. 구충제나 설사약도 복용하는 등 철저한 준비를 거쳐야 할 정도로 무리가 가는 일이 장기간의 금식기도였다.

그런 것도 모르고 나는 아무 준비 없이 기도원으로 들어가 계곡에서 흐르는 생수만 마시면서 꼬박 20일을 금식하며 기도했다. 벅찬 학교 운영의 책임을 나에게 맡기신 하나님께서 내 생명을 책임져 주시고, 주님의 종으로 삼아주셨으니 마땅히 감당할 지혜와 능력, 지도력을 달라고 기도드렸다. 학교 운영의 평안과 축복의 길을 주님이 열어주시지 않으면 방법이 없다고 생각하니 눈물이 마를 날이 없었다.

"죽으면 죽으리라"라는 각오로 하나님께 맡기고 기도하는 동안 육체의 힘은 쇠해졌으나 성령의 능력 안에서 새 힘이 솟아났다. 금식한 지 19일째 되는 날 뒷산 높은 약수터에 올라갔다 내려오는데, 어찌나 발이 가벼운 지 힘 하나 안들이고 그 높은 산을 다녀올 수 있었다. 주님께서 나를 이끌어 주시고 계심을 확인한 후 감사하고 찬양하면서 기도원을 내려왔다.

돌이켜 보면 당시 나는 부모님이 세상을 떠나신 뒤 기댈 언덕이 모두 사라진 듯한 느낌을 받았던 것 같다. 부모님이 일구신, 하나님이 맡기신 막중한 학원 선교의 책무를 감당하기 위해선 오직 하나님께 매달릴 수밖에 없었다.

책임감과 긴장으로 똘똘 뭉쳐 있던 20일의 금식 기도를 통해 하나님의 뜻을 구했고 주님은 앞으로도 나를 이끌어 주시겠다고 응답하셨다.

하나님이 주신 확신을 가지고 집으로 돌아온 나는 중·고 합동 예배를 통해 금식 기도 후에 하나님이 나에게 주신 확신과 다짐한 비장한 각오를 전 교직원에게 피력하고 함께 같은 마음으로 다짐하는 시간도 가졌다.

모든 것이 순리대로 잘 되어가는 것 같았다. 그러나 호사다마(好事多魔)라는 말처럼 얼마 안 되어 문제가 생기기 시작했다. 이 장로님께서 학교 설립 때 투자했던 자신의 몫을 계산해서 돌려달라고 하셨다. 그때와는 시대와 시세, 모든 것이 달라져 금액을 책정하기가 쉽지 않았다. 오랜 논의 끝에 서로 합의된 금액을 정하고 평소 존경해 모시던 이리 시내 J 장로님의 도움으로 약속한 금액의 2/3가량을 건넸다.

내가 할 수 있는 최선을 다했으나 사람 일이란 정말로 알 수가 없었다. 학교 내부에서 이 장로님을 부추기는 한두 사람이 합세하여 "비정상적인 회계 서류를 복사해 배포하겠다"라고 협박하며, 이미 준 만큼의 돈을 더 내든지 이사장직을 내놓으라고 요구하는 것이다. 하는 수 없이 법적 절차를 밟아야 하는 고통스러운 과정을 거쳐 문제를 해결하고 상처가 아무는데 꽤 힘이 들었다.

제3장

진경 60년에
귀하게 이끌어 쓰신 동역자들

진경학원의 역사를 이어오는 동안 태동하던 시기부터 학교의 기틀을 잡고 성장, 발전하기까지의 과정 가운데 아픔과 시련도 많았지만, 합력하여 선을 이루시는 하나님의 이끄시는 손길을 따라 극복하고 승리하여 오히려 보람과 기쁨을 맛보면서 발전, 성장의 길을 걸어왔음을 인도해주신 주님께 감사하지 않을 수 없다.

"너의 행사를 여호와께 맡기라 그리하면 네가 경영하는 것이 이루어지리라" – 잠언 16:3

　우리 진경학원의 역사를 배태기, 초창기, 성숙·성장기 그리고 전환기로 나누어 함께 주님의 손에 이끌리며 헌신하신 분들의 노고와 그 자취를 새기고자 한다.

Ⅰ. 배태기

안봉걸 목사님께서는 농촌 계몽과 선교에 뜨거운 열정과 비전을 품으셨던 분이다. 서귀포의 남원읍교회와 임실교회에서도 덴마크의 그룬트비 정신을 바탕으로 고등공민학교를 세워 헌신하셨다.

1957년 4월 20일 신황등교회에 부임하신 안 목사님은 부임 당시 약속하신 대로 사모님이신 김혜수 선생님과 함께 자신들의 예산으로 책걸상을 제작·마련하고 고등공민학교 수준의 황등가정여학교를 개교하여 지역 사회의 큰 호응을 받으며 운영하셨다. 그러나 당초의 약속과는 달리 일부 성도들 중 목회자의 학교 운영에 적극 반대하는 분들이 생겨 교회 내분이 격화하는 조짐이 보이자 교회의 화평을 위해 스스로 물러나시고 1962년 12월 청주제일교회로 이동 부임하셨다.

부인 김혜수 선생님께서는 인품이 고매하시고 신앙적 열정이 대단하시며, 영어 실력을 비롯한 여러 면에서 실력 있는 분이셨다. 후에 이리기독교센터에서 봉사하시면서 젊은이들의 멘토로서 지도자 역할에 헌신하셨다. 1990년대 후반에는 내가 교장직에서 물러나고자 할 때 우리 학교 교장선생님으로 모시고자 당시 기거하시던 신동아파트로 찾아뵙고 간청을 드렸지만, 극구 사양하셔서 뜻을 이루지 못했다. 우리 학교에 크게 기여하시고 영향력을 발휘하실 수 있는 귀한 기회를 놓쳐 아쉬움이 컸다.

안 목사님께서 청주제일교회로 떠나신 후에 내외분의 뜻을 존중하고 따르던 김희갑, 최기장, 홍갑희, 한용석, 이종천, 최상옥, 양광열 씨 등 성도들과 임익수, 임귀복, 최성택, 고환국 씨 등 일부 사회인이 힘을 모아 재단을 출연해 학교 부지를 구입하고 재단이사회를 구성하여 정규 학교 설립을 추진하였다.

막대한 설립 인가 및 시설 건축의 비용을 감당하기 어려운 형편이 되어 일부 장로님, 집사님들은 학교 운영을 중도에 포기하셨다. 그러나 홍갑희 집사님은 황등주조장과 황등산 소유자이자 운영자이신 남편 박지근 씨의 재력에 힘을 얻어 당시 큰 금액인 백미 40가마(당시 논 1,200평 1필지는 시가로 백미 10가마 정도였다)를 조건 없이 쾌척·희사하시는 용단으로 학교 설립의 초석을 놓는 데 큰 힘이 되셨다.

Ⅱ. 설립 초창기

재단 이사회가 구성되고 본격적으로 설립 인가를 추진하면서 한용석, 이종천, 최인례 이사 등의 눈물겨운 기도와 헌신이 바탕이 됐다. 일부 반대 입장의 성도들을 이해, 설득시키면서 김규태, 황순식, 박노진, 노병준 선생 등이 주축이 되어 교무 행정과 서무 업무를 이행하고 이사회의 뜻에 따라 설립 추진 서류 작성 등의 사무적 작업도 함께 수행했다.

한편으로는 학생들을 모집하기 위해 홍보하고 수업도 진행하면서 주변 학교와 경쟁적 상황을 극복하고 학교의 안정적 기틀을 마련하는 데 혼신의 노력을 다한 초창기 교직원들의 노고를 잊을 수 없다. 그 무렵 조금 늦게 임선호 선생님(후에 왕궁초등학교 교장 퇴임)과 김정길 선생님(후에 전주 모 중학교 교장 퇴임)이 수고하셨고, 박선규 선생님(후에 이리여고, 이리고 근무), 김유언 선생님도 학생 교육과 생활지도에 남다른 헌신을 아끼지 않으신 귀한 교육자이시다.

김규태 선생님은 1965년 3월 약관 31세에 영예롭게 초대 교장으로 취임하셨고, 황순식 선생님은 신학대학을 졸업하셨기에 이리 염광교회 목사님으로 시무하시고 익산 노회장을 역임하신 후 지금은 고향 다송리에서 사모님과 함께 건강한 노후를 보내고 계신다.

Ⅲ. 성숙·성장기

학교의 기틀이 잡혀가자 부임하신 선생님들과 운영을 책임지신 이사장님. 이사님들도 헌신과 노고가 컸던 만큼 기쁨과 보람도 느끼시면서 더욱 혼신의 노력을 다하셨다. 학교 운영 발전과 학생 교육에 전력을 다하셨던 이분들의 땀과 수고는 지금도 잊을 수가 없다. 학교의 면모를 안정적이고 발전적으로 갖추어 가는 데 교직원 모두가 마음과 뜻을 모아 하나님의 섭리와 은총을 감사하면서 미션 스쿨로서의 소명을 감당하는 데에도 사명을 갖고 정성을 다하셨다.

목회자이신 전양권 목사님을 비롯해서 후에 목사 안수를 받으시고 목회하시는 윤여섭 선생님의 열정적인 신앙적 헌신도 있었다. 함명신 선생님의 선교합창단 창단과 순회공연 활동을 통한 학생들의 신앙 지도는 후에 그분에게서 훈련받은 학생 중에서 음악을 전공하여 미션 스쿨의 음악 교사가 되고 성도 4-500명의 대형 교회 성가대 지휘자로 크게 활약하는 제자를 길러내기도 하였다.
함 선생님은 그만큼 신앙적으로, 인격적으로 멘토의 역할을 해주셨다. 이일청 선생님(후에 서해대학 학생처장), 류규성 선생님(후에 근명여상 근무), 최규완 선생님(후에 일신여상 교장), 조윤자 선생님, 박덕훈 선생님은 학생들의 지도에 열과 성을 다해 크게 존경받으셨다.

이예래 교장선생님을 비롯한 정봉한 교장님, 김영욱 교장님, 김종거 교장님, 임주동 교장님, 정유희 교장님, 이길자 교장님, 이원종 교장님, 고범영 교장님은 한마음으로 드림팀을 이루어서 우리 학교의 학풍 조성과 발전의 초석을 놓았을 뿐 아니라 지역 사회에서 인정받는 명문학교의 기틀을 마련해 학교 발전의 중흥을 이루게 하신 분들이다. 특히 우리 학교 교육 활동에 있어 성장과 홍보의 한 축을 이룬 학교 버스 운행은 빼놓을 수 없는 중요한 역할을 담당했다. 1000여 명 학생의 등하교와 제반 교육 활동에 다양한 역할을 한 학교 버스 운영 업무를 다년간 총괄한 당시 실과 주임이셨던 정유희 교장님의 노고가 매우 컸음을 빼놓을 수 없다.

새만금 방조제 준공 기념 조형물 방문
좌로부터 김종거, 김규태, 정봉한, 한병수,
이예래, 김영욱, 임주동 교장님

그리고 이 시기 서무행정의 책임을 맡아 헌신하신 김수경 과장님과 진상록 과장님, 박상식 행정실장님, 강민경 행정실장님은 학교의 중흥을 이루는 시기에 어려운 학교 살림을 꾸려가는 데 온 힘을 기울이신 공을 높이 치하하지 않을 수 없다.

또한, 이 성숙·성장기에 가장 중추적인 설립 이념과 건학정신을 실현하는 학생·교직원의 예배와 신앙 활동을 이끌어가는 지도자로서의 사명을 맡으신 김일원 목사님은 20여 년간 교목과 교장선생님으로 진경학원과 더불어 고락을 함께하시면서 진경퇴수회, 진경선교합창단 창단과 순회공연 활동, 진경축전의 기획 추진 등 전반적인 학교발전의 초석을 놓으셨다.

1996년부터는 이웃 동련교회에서 시무하시면서 이후 한신대학교 이사장으로도 봉사하시는 폭넓고 다양한 역할을 수행하시는 존경받는 교역자이시다.

간부 교원협의회(유성온천 대온장에서)

Ⅳ. 전환기(도약기)

　21세기에 들어서면서 교육계뿐 아니라 사회 각계가 급변하는 시대적 상황을 맞이하였다. 4차 산업혁명의 시기라 할 수 있는 만큼 교육 여건과 내용도 격변의 시기를 맞았다. 이에 대비해야 할 필요가 있었다.

　중학교의 경우에 급격한 농촌인구의 감소로 인한 학생수 부족으로 학급이 감축되고 교직원의 정원이 줄어들게 되었는데 이를 극복하고자 교육청 지정 혁신학교 운영, 교과교실제 운영을 하면서 지역의 학부모와 학생들이 원하는 학교가 될 수 있도록 전 교직원이 헌신적인 노력을 하고 있다.

　고등학교도 마찬가지로 학생 자원의 부족과 지방 실업계 특성화고등학교에 대한 일반의 부정적인 인식의 한계를 극복하기 위하여, 기존의 사무관리 인력 양성 중심의 상업계열 학과를 국제무역, 전자상거래 관련 학과로 개편하는 등 적극적인 체제 전환과 교육 시설 환경의 개선, 교육 내용의 다변화를 꾀하였다.

　현재는 지역 최초로 가사계열 학과인 토탈뷰티과와 조리제빵과를 신설하고 학생들을 모집하고 있으며, 교육 당국의 지원으로 가사실습동을 신축하면서 교육여건 개선에 힘쓰고 있다.

2020년부터 경륜이 풍부하고 의욕과 열의가 남다른 정창환, 나창용 교장님(진경여중)과 임대석 교장님(진경여고)의 취임으로 한결 새로운 체제를 갖추어 교육활동을 진행하고 있다. 21세기를 맞아 명실 공히 학교 발전의 도약을 이루는 새로운 전기가 마련될 수 있기를 기대한다. 하나님의 뜻에 순종하고자 하는 성도들을 복된 길로 이끌어주시는 하나님의 은총이 우리 학교와 학생, 모든 교직원들에게도 함께하기를 소망한다.

"사람이 마음으로 자기의 길을 계획할지라도 그의 걸음을 인도하시는 이는 여호와시니라" – 잠언 16:9

제4장

복된 길로 이끄신 77년
- 희수를 맞이함에 감사하며

아름다운 숲에 모인 우리 가족들(2021. 9.)
대전(유성)에 모여 촬영함. 큰 손자(한강희)는 군입대(기무사) 중이고
외손자(이재영)는 대학 입학 수시 면접으로 불참하여 별도 편집한 모습이 왼쪽 옆에 있다.

　주님의 놀라우신 섭리와 경륜이 계셔서 너무나 연약하고 부족한 사람이 지난 70여 년간 시대적으로나 사회적으로 여러 어려운 상황과 여건을 극복하고 주께서 맡겨주신 선교적 사명과 사회적 책임을 감당할 수 있도록 인도해 주셨음을 깊이 감사드리지 않을 수 없다.

　어려웠던 건강 상태를 원만히 지켜주시고 풍족하지는

못하지만 때를 따라 긴요한 물질적 필요도 공급해 주셔서 크게 부끄러움을 당하지 않고 오늘에 이르렀음을 또한 감사한다. 교계나 여러 가지 봉사 활동에도 귀하게 쓰임 받게 하심은 하나님의 큰 축복이요 은혜이다. 이러한 삶의 여정에 곁에서 동지적 우의로 같이 해주신 진경의 동역자들과 친지들께도 머리 숙여 감사드리고 77세 희수의 축복을 허락하신 하나님께 영광을 돌리면서 걸어온 지난날을 되새겨 본다.

I. 유소년기

1. 온화하신 조부님의 무릎에 앉아!

푸르고 넓다란 동네 앞 들녘! 저 멀리 수문이 하나 보이고 더 멀리 보이는 산등성이가 좌우로 길게 이어지는 고요한 마을. 내 고향 황등면 죽촌리 창평부락이다.

집 앞의 다랭이 다랭이 이어지는 텃논에 물을 대느라 농사철이면 아저씨들이 하얀 무명 한복 바짓가랑이를 걷어올린 채 둠벙에 세워둔 물자세를 밟아 돌리던 모습이 지금도 눈에 선하다.

지금 가보면 멀리 보이던 수문이 코앞이고, 그렇게 아득한 듯 멀리 보이던 산등성이가 바로 눈앞이다.

조용하고 아늑한 마을. 10여 호가 오손도손 이웃을 이루던 그곳에서 나는 유년 시절을 보냈다. 복되었다 싶은 것은 덕과 학문이 깊으시고 인자하신 조부님의 포근한 무릎에 앉아 뜻은 모르지만 "갑자, 을축, 병인, 정묘, 무진, 기사…"라고 하면서 조부님을 따라 육갑을 외우고 "잘한다"라고 칭찬(?)하시는 조부님의 사랑을 듬뿍 받고 자란 것이다.

반면에 조모님의 성품은 어찌나 격하고 급하신지 옆에 가기가 무서울 정도였다. 성인이 되어 생각한 것이지만 "조부님 조모님 사이가 마치 소크라테스와 크산티페 같다"라고 느꼈다.
부인의 사나운 성격으로 소크라테스의 철학이 빛을 발했듯이 우리 조부님도 조모님 곁에서 인자하신 성품으로 많이 연단(?)이 되신 게 아닐까? 그런데 딸이 없는 아들 4형제의 성품이 모두 조모님의 성품을 닮아 급하고 격한 편이다. 감사하게도 2대를 건너 뛴 나의 막내(상욱이) 아들은 6척 장신의 용모나 부드러운 성품과 지혜가 조부님을

빼닮아서 장래가 기대되는 재목으로 성장할 것으로 기대
한다.

앞에 기술한 대로 돌떡은 못 먹었지만, 어린 시절 어머
니 등에 업혀서, 그 손에 이끌려서 들 건너 동련교회를 다
녔으니 그 손이 주님이 이끄신 사랑의, 축복의 손길이었
음을 감사드린다.

2. 유치원, 초등학교 시절

1940년대 중반 3-4년간 전주에 기거하는 동안 어머니
를 따라 전주 서문교회를 다녔고, 다시 황등으로 와서는
전 가족이 신황등교회를 출석하면서 신황등 유치원 2회
졸업생이 되었다.

1950년 6.25 당시에는 따발총을 메고 집 앞의 길을 줄
지어 지나가던 북한 인민군들의 모습을 보았다. 조부님의
만류로 피난은 가지 않았지만 원근에서 포탄 떨어지는 소
리가 들리면 동네 앞 논 구석에 파놓은 방공호로 동네 사
람들과 우르르 몰려가서 몸을 숨기기도 했던 기억이 생생
하다.

초등학교 시절에는 너 나 할 것 없이 시대적으로 궁색한 어려움을 겪었다. 그 당시의 아픈 기억은 가정 형편이 어려운 학생들을 소위 월사금(납입금)을 내지 못해 학교에서 집으로 돌려보내곤 했다. 또 시험 기간의 시험지가 마분지(말똥으로 만든 종이)여서 군데군데 구멍이 뚫려 있어 중간에 글씨가 안 보여 애를 먹기도 했다. 지금의 청소년들은 상상할 수 없는 지난날의 슬픈 기억이다.

이렇다 할 놀이기구도, 놀거리도 없어 여자아이들은 고무줄놀이, 공기놀이를 했고 남자아이들은 가이생, 자치기, 못치기, 표치기 등을 하며 어울려 놀기도 했다.

초등학교 6학년 때 어느 날 친구들과 가이생을 하다가 친구가 밀어 넘어져 땅에 머리를 찧었는데 정신이 멍해서 한참을 앉아 있다가 집으로 돌아온 후부터 나의 기억력이 조금 떨어졌다는 생각이 든다.

그전까지는 기억력도 좋고 공부 실력도 거의 수석을 놓친 일이 없었던 것 같다. 지금 기억으로는 초등학교 때는 공부만 잘하면 선생님들과 선후배 친구들까지도 무조건 인정해 주어서 반장도 시키고, 웅변대회도 나가라고 하고, 심지어 전교 어린이 회장까지도 맡게 했다. 부끄러운 기억 중 한 가지는 선생님께서 원고까지 써주시는 바람에 억지로 웅변대회에 나갔는데 원고를 다 외우지 못했을 뿐 아니라 수줍음을 타서 단상에 올라가서는 처음부터 끝까지 고개를 숙인 채 원고를 읽고 내려온 일이다.

전교 어린이 회장이 되어서도 독하지 못한 성격에 학생
들에게 청소를 제대로 시키지 못해 애를 먹었다. 한번은
주번 선생님이 청소한 학생들과 책임자를 소집하셨다. 총
책임자인 어린이 회장을 앞으로 나오라고 하시더니 짝!!

어린이 회장으로서 졸업식에서 받은 상장

부여 정림사지 5층 석탑 앞 수학여행 사진

소리가 나게 뺨을 때렸다. 밥주걱만큼 큰 손바닥이 내 뺨을 후려쳤다. 아픈 것보다 부끄러움이 얼마나 컸던지 지금도 잊을 수가 없다. 주번 교사였던 고석조 선생님의 가차 없는 책망이었다. 예나 지금이나 엄격하시고 사사로움 없이 정확하신 고석조 장로님! 원망이나 불평이 아닌 존경과 죄송한 마음이 지금도 계속 이어지고 있다.

황등문화사진관(왼쪽부터 전성원, 한병수, 김승남, 허기석). 모두 초등학교 동기들이다.

3. 중학교 입학시험을 세 번 치른 사연(남성, 동중, 원광중)

우리 세대는 대학은 물론 중·고등학교도 모두 시험을 치르고 진학했다. 초등학교 6학년 1반이던 당시의 김학순 담임선생님은 뛰어난 실력과 지도력으로 이름을 날리셨다. 우리 반 학생들의 입시를 위해 강력하고 철저하게 전력을 기울이셨다. 같은 반 친구인 이영일의 집에서 합숙을 시키면서 좋은 성적을 내기 위해 헌신해 주시기도 했다.

입학시험 기간이 다가와 먼저 남성중학교에 응시했다. 이리동중학교는 무시험 전형에 특대생 선발고사만 치르게 되어 있었고, 원광중학교는 후기 선발이었다.

나는 천성적으로 그림에는 소질이 없다. 지금도 그림에서 가장 기본인 원근도 표현하지 못할 정도다.

남성중학교 입학시험을 치르는데, 다른 과목 시험지의 오른쪽 구석 1/4 정도의 지면에 소, 말, 돼지 가운데 하나를 그리라는 문제가 있었다. 소를 그리다 마음에 안 들어서 지우고 말을 그린다고 그렸는데, 또 마음에 들지 않아서 지우고, 끝으로 돼지를 그려도 마음에 안 들어서 지우다가 그만 시험지가 찢어지고 말았다.

다른 과목은 최선을 다해 웬만큼 잘 본 것 같은데 시험을 마치고 나와서 담임선생님과 아버님께 그 말씀을 드렸더니 크게 걱정을 하시면서 "미술이 0점일 것이니 내일 있을 남성중학교 면접은 포기하고 동중학교 특대생 시험에 응시하자"라고 하셔서 다음날 동중학교 시험에 응했다.

다른 과목은 그런대로 치렀는데 또 문제의 미술시간이 되었다. 이번에는 시험지 한 장에 암탉과 수탉을 비교해서 그리라는 것이었다. 그리다가 마음에 안 들어 지우고 또 그리기를 반복하다 시간이 다 되어 가는데 이번에도 또 시험지가 찢어지고 말았다.

할 수 없이 동중학교 무시험 1차 전형에 합격했으니 동중학교로 입학하기로 하고 집에 왔는데 이틀 후 담임선생님이 "너무 안타까운 일이 생겼다"라고 말씀하셨다. 남성중학교 시험에서 면접에만 응시했으면 다른 과목 성적이 좋아 2등으로 합격될 수 있었는데 면접에 참석을 안해서 불합격, 실격 처리되었다는 것이다. 너무 억울하고 애석해 하시는 담임선생님과 아버지께서 남은 원광중학교 시험을 응시하자고 하셨다.

원광중학교 후기 시험 날, 웃지 못 할 상황이 벌어졌다. 1956년 당시 승용차는 물론 시내버스조차 없었기에 아버지는 자전거 뒤에 나를 태우고 아침 일찍 자갈이 널려 있는 비포장도로를 달렸다. 그러다가 허리다리(요교)를 지날 무렵 "너 수험표 잘 가져왔지?"라고 물으셨다.

"책상 서랍에 넣어놓고 깜박 잊고 그냥 왔어요. 어쩌죠?"

"이런 정신 나간 녀석! 여기 앉아 있어."

아버지는 부랴부랴 다시 집에 가셔서 수험표를 가지고

오셔서 나를 다시 자전거에 태우고 학교로 갔으니 무슨 정신에 시험을 제대로 치를 수 있었겠나.

나중에 시험 결과 발표를 보니 소위 준특대생(절반 특대)이 되었다. 나는 그런 상태로는 원광중학교에 진학하지 않겠다고 하고 서류 전형에 합격한 동중학교에 진학하기로 결정했다. 공교롭게도 동중학교 등록 마감일이 토요일이었는데 아버님가 착각해 등록 시간을 놓쳐서 등록을 못하고 말았다.

억울하다고 생각한 아버지께서 월요일 아침 일찍 남성중학교를 찾아가 서무과장께 자초지종을 말씀하시고 입학을 허락해 달라고 도움을 요청하셨더니 잠깐 기다리라고 하고는 사무실에 들어가서 서류를 확인하고 오더니 "원한다면 남성중학교 입학을 받아주겠다"라고 하셨다고 한다.

"면접에만 참석했으면 남성중학교에 2등으로 합격했다"라는 담임선생님의 말씀을 아버지가 확인한 셈으로 우여곡절 끝에 남성중학교에 입학했다. 중학교를 다니는 동안 입학 성적 2위로 알려진 유 모 학생을 볼 때마다 "저 녀석이 내 자리를 차지한 놈이다"라는 생각을 떨칠 수가 없었다.

4. 중3 시절 신삼식 선생님 댁의 하숙 생활과 전주사범학교 진학

남성중학교 3학년 때 나는 학급의 부반장이었다. 당시 나는 집에서 학교까지 기차로 통학을 했다. 그럼에도 모든 일에 열심인 내 모습을 보신 신삼식 담임선생님께서 "기차 통학이 힘들 테니 우리 집에서 다니거라"라고 하셔서 담임선생님 댁의 하숙생이 되었다. 그런데 당시 용안 쪽에 살던, 사촌지간인 서씨 3형제가 같은 학년이면서 선생님 댁에서 나와 함께 합숙을 했다.

한참 성장기인 우리들은 저녁을 먹고 난 후 한참 예습, 복습을 하고는 집 앞의 구멍가게로 몰려가서 군것질을 했다. 우리가 자주 들러 팔아드리니 가게 어른께서 반갑게 맞이하셨지만 사실 우리는 미리 작당(?)을 하여 이것저것 먹을 것을 고르는 동안 서로 짜고 몇 가지 물건을 삥땅(?) 쳤다. 잘못이라는 걸 알면서도 어린 마음에 공짜로 주워 담아온 주전부리들이 그렇게 맛있을 수가 없었다. 그런 생활이 오래 지속되진 않았지만 지금 생각하면 주인어른께 너무 죄송하여 사죄하는 마음이 크다.

중학교 성적이 비교적 괜찮았던 나에게 부모님은 사범학교 진학을 권유하셨다. 졸업 후 안정적인 교직이 보장

되는 사범학교는 당시 실력 있는 학생들만이 진학할 수 있었다. 담임선생님께서는 남성고 진학을 권유하셨지만 나는 부모님의 뜻에 따라 전주사범학교에 응시했다. 사범학교가 교육대학으로 승격 개편되기 직전의 마지막 입학이었는데 10:1 정도의 높은 경쟁률을 뚫고 합격의 영광을 안았다. 내 주변에서 2-30명이 응시했는데 내가 유일하게 합격하여 부모님도 무척 자랑스러워하셨다. 나는 모처럼 효도를 한 셈이 되어 마음이 뿌듯했다.

사범학교에 진학한 후에는 전주에서 사업하시는 백부님 댁에서 학교를 다녔다. 나는 부모님의 간섭에서 벗어나 고삐 풀린 망아지가 되어 친구들과 어울려 무절제한 생활에 빠져들었다. 1학년을 마칠 무렵, 예민한 청소년기의 방황도 문제였지만 내 스스로에 대한 실망과 자책이 너무 크고 이대로 가면 실패하는 인생이 되겠다는 깨달음이 밀려왔다.

본래 미술, 음악 등 예능에 소질이 없어 유능한 교사가 되기 어렵다는 판단도 있어 주말에 집으로 와 부모님께 "대학 진학을 위해 인문학교에 전학하고 싶다"라고 말씀드렸다. 아버지께서 사업차 서울을 자주 다니셨기에 알아보시니 웬만한 인문계 학교는 지금 계산으로 전입 부담금이 2-3천만 원에 이르러서 엄두를 못내는 상황이었다. 남성고등학교는 중3 때 사범학교 진학을 만류하셨던 담임 선생님께 죄송해서 갈 수가 없었다.

결국 2학년 초에 이리고등학교로 전입학을 했다.

이리고등학교는 2학년과 3학년, 2년만 수학했지만 후에 총동창회장을 2회(1983년, 2000년) 맡아 활동하는 등 나름 모교에 공헌하고자 노력했다.

Ⅱ. 청장년기

1. 서울대 낙방 – 재수 생각 않고 곧바로 신학대학 입학

2년간 다닌 이리고등학교에서 비교적 우수한 성적으로 선두를 유지하여 학교에서도 기대를 갖고 권고하는 편이어서 서울대 영문과를 지원했다. 대입 전국 정원의 120%만 뽑는 당시의 예비고사 제도에서 경쟁률은 높지 않았지만 지방학교에서 서울대 특히 영문과와 같은 인기 학과에 진학하는 것은 쉬운 일이 아니라는 것을 실감하고 물러나야 했다. 면접장에서 두툼한 영문 원서를 펼쳐주며 읽고 해석하라고 했는데 나는 모자라는 실력을 실감하고 발걸음을 돌렸다.

그 시기 알버트 슈바이처의 신앙과 사상을 한참 흠모하는 청소년 중 하나였던 나는 그가 철학, 신학, 음악 등 4-5개의 학위를 가지고 마지막에 의학을 공부하여 아프리카의 오지 람바레네로 가서 병원을 세우고 평생을 원주민 치료와 선교에 헌신했던 것을 흠모했다. 그래서 나도 그의 정신을 본받아 영문학을 시작으로 경제학, 신학 등을 공부하여 슈바이처처럼 인류 평화에 공헌하겠다는 기독 청년의 꿈을 갖고 있었다. 그런데 서울대 진학 실패 후 신학을 먼저 공부하여 신앙을 바탕으로 다른 학문을 함으로써 인류 평화의 길에 헌신할 수 있다는 생각으로 후기 대학인 한국신학대학을 지원하였다.

한국신학대학 입시 결과, 수석은 못했지만 차석으로 합격하여 1963년 3월 수유리의 한신캠퍼스에 입학했다. 당시 한국신학대학에는 김재준, 김정준, 문익환, 문동환, 전경연, 박봉랑, 이우정, 이장식, 안희국 교수님 같은 한국 신학계의 거성이라 할 수 있는 훌륭하신 분들이 재직 중이셔서 학문적 진수와 함께 가족 같은 분위기의 교풍을 통해 고매한 인품을 가까이 접하며 모실 수 있었다.
그러나 자유 신학의 본산이라 할 한신의 학풍에서 1년여를 공부하면서 나 또한 신학적 회의에 빠져 2학년 초부터 6개월 정도 기숙사에 처박혀 강의도 안 나가고 교회도 출석하지 않는 방황의 시간을 겪었다.

당시 김재준 박사님께 성서 개설 시간에 내가 가지고 있던 이런저런 회의에 대해 질문을 하면 "그래요. 계속해서 더 기도하시고 관계 서적도 많이 찾아보세요!"라며 격려와 위로를 해주셨다. 그 시절 한국신학대학 뒤편에 위치한 화계사로 오르는 산언덕에 새벽 2시, 3시에 올라가서 "하나님 나오셔서 나를 만나 주세요"라고 외치며 만용을 부렸던 기억을 떠올릴 때면 지금도 얼굴이 붉어진다.

당시의 한신 동기들과 이우정, 안희국, 양정신 교수님

어느 가을 늦은 오후, 한신대 본관 옥상의 계단을 오르며 쏟아지는 눈물을 억제하지 못하고 "오! 주여 감사합니다!"라고 하면서 찾아와 만나 주시는 주님을 영접하고 나서야 회의에서 벗어날 수 있었다. 하나님은 우리가 머리로 이해를 하든 못하든 간절히 찾을 때 진정으로 만나주시는 분이었다. 회의를 해결할 지식과 노력보다도 하나님을 만나고자 하는 간절한 마음이 신앙에는 가장 필요한 요소였다.

"너희가 온 마음으로 나를 구하면 나를 찾을 것이요 나를 만나리라"

－ 예레미야 29:13

2. 육군 입대 - 야간 대학 편입 졸업

2년간의 대학 생활을 정리하고 군 입대를 결정했다.

가까운 친구들 중에는 여러 방법으로 병역을 면제받는 경우도 있었으나, 나는 정해진 시기에 영장을 받고 입대하였다.

65년 3월 논산 훈련소에서 군기가 제일 세다는 25연대로 입소하였다. 4주 기본 교육을 마치고 영천 부관학교 299기로 입교하여 709 주특기 행정병 교육 이수 후 육군본부 병참감실, 행정실로 보직을 받았다.

육군본부였지만 내무반 군기는 어느 부대보다 엄격해서 소위 빳다(?)를 맞지 않고는 편히 잠들 수 없는 살벌한 분위기의 군생활을 6개월 여 동안 해냈다.

그 후 원주에 있는 1군 사령부를 지원하여 1802 공병 정비 보급단으로 파견되어 행정 업무를 수행하면서 당시 기회가 되어 원주의 상지대학 행정학과 야간부에 편입학하여 1968년 2월 원만하게 대학을 졸업하고 행정 학사가 되었다.

야간 대학에 다니는 동안 군 부대의 대민 봉사로 원주에서 정의고등공민학교(야간학교)에서 봉사활동으로 학생들을 가르치기도 했는데, 마침 그 학교 설립 운영자가 황등에서 대서사를 하시던 조용훈 옹의 딸이어서 더욱 보람을 느끼며 어려운 청소년들을 위해 열심히 봉사할 수 있었다.

당시 군복무 기간은 30개월이었는데, 29개월 보름만인 67년 9월 초 만기 제대 명령을 받아 운 좋은 군 생활을 마쳤다. 자칫했으면 3개월 후인 1968년 1월 21일에 발생한 그 유명한 김신조 일당의 1.21 사태를 겪을 뻔했다. 그랬으면 복무 기간이 곧바로 36개월로 연장되고 힘겨운 유격 훈련도 받아야 하는 등 고통을 겪을 뻔했으나 주님의 은혜로 원만히 군 생활을 마쳤다.

3. 여중학교 부임

1968년 3월 황등여자중학교에 부임하였다.

학교 설립 초기에 크게 누적된 부채를 안고 40~50%의 이자를 지불하며 벅찬 학교 운영을 도맡으셔서 그야말로 악전고투의 세월을 힘겹게 버티시던 부모님은 20대 중반의 청년에 불과했던 나를 당신들의 큰 힘이 되어줄 든든한 버팀목으로 생각하시는 듯하였다.

내가 부임한 후 조석으로 나를 부르시고 크고 작은 일을 협의하고 지도하시면서 새로운 활력을 찾으신 듯 의욕적으로 학교 운영에 임하셨다. 나도 부모님의 뜻을 알고, 그 고충을 짐작하고 있었기에 최선을 다해 부모님의 뜻을 받들어 밤낮없이 선생님들과 함께 학생 지도와 학교 운영에 전력을 다해 헌신했다.

나는 상지대 행정학과를 졸업했지만 교직 이수를 못했기에 교원 자격 취득을 위해 당시 많은 무자격 교사 해소를 위해 설치한 조선대학교 중등교원양성소에서 연수를 받고 일반사회 교사 자격증을 취득하였다.

지금도 마찬가지지만 총각 선생에 대한 여학생들의 관

심과 인기는 높디높아서 방과 후 담임반 아이들과 산 넘고 물 건너 콧노래를 부르며 멀리 삼기면까지 걸어 다니면서 가정 방문을 하는 즐거움도 대단했다.

나는 평교사 시기 학급 담임을 맡으면 '새학기 1개월 내에 60~70명의 담임반 학생들의 가정 방문 완료'를 철칙으로 하여 학생들의 환경과 형편을 이해한 후 1년 동안 담임반 학생들을 지도하려고 노력했다. 춘계 체육대회 때는 학생들과 목청껏 응원하는 것은 물론이고 농구 게임은 담임교사가 의무적으로 선수로 뛰도록 했는데 너무 열심히 하다보니까 대회가 끝난 후 발톱이 빠져서 병원 치료를 받기도 했다.

환경 정리 심사를 앞두고는 늦은 밤까지 담임반 학생들과 게시물을 붙이기 위해 시멘트벽에 못을 박는 야간작업을 벌이기도 했는데 망치로 손가락을 쳐서 손톱에 멍이 드는 일도 한두 번이 아니었다.

4. 영어 준교사 자격 취득

경제개발계획과 산업사회 발전이 한창이던 제3공화국 시기인 1960년대 말 70년대 초기에는 각 분야의 사회, 경제적 인력 수요가 급증했다. 그런 가운데 각 급 학교의 교원 충원에도 고충이 많았다. 교원 양성제도도 미흡한 상태여서 각 학교마다 자격증을 소지한 교사를 확보하는 것이 여간 힘든 일이 아니었다.

일단 대학 졸업자 중 전공과목에 맞추어서 채용하고 다양한 기회로 교원 자격을 취득할 수 있게 하였고, 상당기간 무자격 상태를 인정하면서 학생 지도와 교과 지도에 임할 수밖에 없었다.

그런 실정에서 자격증을 소지하고 소위 명문학교 수준의 학력을 이수한 재원을 모시는 것이 어려울 뿐 아니라 부임해 있다가도 공립학교나 좀 더 나은 여건의 사립학교로 자주 이동해 가는 일이 비일비재하였다.

당시 사립학교는 보수 체계가 안정이 안 되어 운영자의 역량에 따라 대우에 차이가 있기 마련이어서 교원 이동이 잦았다. 특히 영어, 수학 등 주요 과목의 정규 자격 소지자를 찾는 것은 더욱 어려웠다. 그래서 상치교사로 비전공 교과목을 가르쳐야 하는 불가피한 교과 배정 지도가 흔했다. 내 경우도 사회과가 전공이고 무자격 상태에서 조선대학 교원양성소 과정으로 사회과 자격을 취득했지만, 영어교사가 부족하여 2,3학년 사회과를 지도하면서 중학교 1학년 영어를 담당했다.

특히 영어 과목 교사의 경우 오랜만에 겨우 자격증 소지 교사를 모시게 되면 1년 미만 또는 불과 1-2개월 만에 보다 대우가 좋은 학교로 옮겨 가고 심지어는 떠난다는 인사도 없이 어느 날 갑자기 전화로 "제가 어제부터 A라는 학교로 옮겨 부임하게 됐습니다. 죄송합니다"라고 통보하는 예도 종종 있었다.

고민 끝에 힘겹고 불가능해 보이는 일이었지만 문교부가 시행하는 영어 준교사 검정고시를 통해 자격을 취득하기로 마음먹고 준비를 시작했다.

각 교과의 준교사 검정고시는 대학을 졸업하지 않은 사람을 포함해서 누구나 응시하여 학력과 전공에 관계없이 해당 분야에 일정 수준의 실력을 평가받으면 자격증을 취득케 하는 제도였다.

대신 합격하는 것이 매우 힘든 일이었다. 엄두를 내기 힘든 일이었지만 도전을 해보기로 하고 기도로 무장한 후 영어과 준교사 검정고시

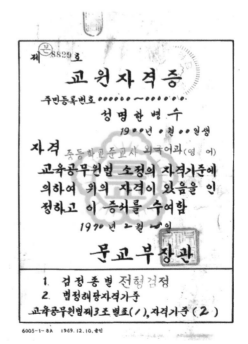

에 임했고, 1970년 2월 28일 기적 같은 합격의 영광을 안았다. 지금 생각해도 그것은 우리 학교의 형편을 살피시는 주님의 이끄시는 특별한 손길이 아니고는 불가능했던 일로 믿어져 감사드리지 않을 수 없다.

자격 취득 후 전공이 아니고 나 자신의 실력이 부족함을 잘 아는 상태였지만 자격증을 취득했으니 정식 영어교사 입장에서 중3의 진학 지도를 맡으라는 모든 교직원의 권고를 당연한 일로 받아들일 수밖에 없었다.

자격증 취득 이듬해부터 중3 진학지도반의 영어를 담당했는데 그야말로 긴장과 고뇌가 연속되는 하루하루의 수업을 진행했다. 책상 위에 참고서와 문제집, 교과서 등을 수북이 쌓아놓고 새벽 2시, 3시까지 다음날 수업을 준비하는 악전고투의 나날이 이어졌다.

그렇게 나의 중3 영어 지도를 받은 제자 가운데 이일여고를 졸업하고 서울대에 입학한 L 양의 후일담을 들어보면 이일여고 영어선생님께서 L 양에게 어느 수업시간에 "너 중학교 때 누가 영어를 지도했니? 정말 잘 배운 것 같다"라고 하셨다니 노력의 대가를 인정하시고 은총의 길로 이끄신 주님의 섭리요, 사랑의 결실이시다.

중3 영어 담당 2년째는 서울의 연세대학교 대학원으로

통학하던 시기였다. 서무과장과 영어 선생으로 1주일에 24시간의 수업을 담당하면서 서울까지 통학을 했다. 서울에서 대학원 수업을 마친 후 완행열차를 타고 밤새 달려 새벽 4시 반 황등역에 도착했다. 그러고는 하루 6시간 수업을 진행하다 보니 어떤 때는 입에서 테이프가 돌아가듯 말을 하면서 졸고 있을 때도 있었다. 이런 시간을 보냈으니 당시의 학생들에게 죄를 짓는 것 같은 마음을 갖지 않을 수 없었다.

5. 아호 정석(正石)를 얻게 된 연유

1970년 봄으로 기억되는 어느 날 오전, 투박하게 흐트러진 반백의 머리카락에 무명 한복과 하얀 두루마기 차림을 한 40대 후반의 중년 남성 한 분이 교무실에 들어섰다.

대뜸 내 앞에 다가와서는 책상 위에 하얀 두루마리 선화지를 쭉 깔아 펴더니 들고 온 집필 묵으로 묵직한 필체의 '正石(정석)'이라는 두 글자를 써서 내 앞에 내밀었다. 그러고는 특별한 설명도 없이 "선물입니다"라는 말을 남기고, 선물에 대한 대가나 이유도 밝히지 않고 휙 나가 버렸다.

나는 창문을 통해 하얀 두루마기를 흩날리며 빠른 걸음

으로 뒤도 돌아보지 않고 운동장을 가로질러 가는 그분의 뒷모습을 한참 동안 멍하니 바라보았다.

그 후로 나는 그분이 써놓은 '正石(세상의 바른 돌)'을 '주님의 뜻을 따라 바르고 의미 있게 삶을 가꾸어 가라'는 뜻으로 보내주신 또 하나의 내 이름이라고 받아들여 나의 아호로 여기게 되었다.

6. 결혼

약혼 사진

1968년 3월, 같이 진경여중에 부임한 이사철 선생님(후에 여산고 교감으로 퇴임)의 부인께서 나를 좋게 여기셨던지 "내 이종사촌 동생이고 이리 성결교회 진영호 장로님의 따님이 있는데 예쁘고 착한 규수이니 한번 만나보세요"라고 하면서 맞선을 주선하셨다.

아내는 당시 고등학교를 갓 졸업하고 시내 어느 회사에 출근하는 사회 초년생이었다. 주님께서 짝지어 주심이었고 양가 장로님 집안 간의 어른들이 좋게 여기셔서 쉽게 합

의하여 맞선으로 만난 지 18일 만에 전격적으로 약혼이
이루어졌고, 곧바로 우리 학교 서무과에 부임하여 근무하
다가 1970년 1월 3일(토) 이리성결교회에서 결혼식을 올
렸다.

결혼식을 마치고 양가의 가족들과 기념 촬영

결혼식 일자를 1월 3일로 잡은 것은 내가 이리고등학교
를 다니면서 가입한 7암(七岩)이라는 소위 엘리트 그룹 모
임이 있었는데 매년 정기모임을 1월 2일 회원 댁에서 윤
번적으로 자원하여 초청 개최하는 관례가 있어 예정된
결혼 잔치에 곁들여 70년도 총회를 1월 2일 우리 집에서
개최하고 회원들을 1월 3일의 혼인 예식에 초청한 것이
다. 그날 총회에 참석한 7암의 주요 멤버들은 최창한(익산

시 총무국장), **최윤수**(청와대 안전처장), **채인원**(신탁은행 익산지점장), **김태성**(한전 본사 전무), **정진상**(건국대 병원장), **황길신**(UAE 대사), **최병보**(통일부 대변인), **백남선**(원자력 병원장), **최현섭**(강원대 총장) 등으로 훗날 사회 각계에서 크게 활약한 사람들이다.

결혼식 후에는 당시 최고의 신혼 여행지였던 제주도로 신혼여행을 가야겠는데 문제가 발생했다. 그 무렵 북한이 우리나라의 항공기를 납치하는 사건이 발생한 직후였기에 아버지께서 완강히 반대하신 것이다. 나는 아버지께 죄송한 일이지만 젊은이의 객기를 부릴 수밖에 없었다. 토요일 결혼식 후 집에서 1박을 하고 1월 4일 주일에 교회에 출석하여 신랑, 신부 특송으로 예배를 드린 후, 미리 후배에게 부탁해 놓은 제주행 비행기표를 받아 광주로 내려가서 제주에서 2박 3일의 일정을 보냈다.

그리고 돌아오는 길은 배편으로 목포에 내려 기차를 타고 대전에서 당시 웬만하면 편하게 다녀오는 신혼여행지였던 유성온천의 만년장 호텔에서 호텔을 배경으로 즉석 사진을 찍고 귀가하였다.

부모님께는 유성온천에서 찍은 증거 사진(즉석 사진)을 보여드리며 신혼여행을 잘 다녀왔다고 보고 드렸다. 부모님 마음 편하게 해드리겠다는 생각이었지만 지금 생각하면 너무 죄송한 일이 아닐 수 없다.

그 당시는 피로연이 집에서 이루어지는 경우가 많았는데 신혼여행을 다녀온 후까지 4-5일간 동네잔치가 이어질 정도였다. 아버지 사업도 한창 번성하셨고 장로 장립하신 직후이시기도 해서 지역의 많은 분들이 기쁨을 함께 나누는 훈훈한 잔치 자리가 되었음에 감사할 뿐이었다. 특히 당시 혼인 잔치 4-5일간 집에서 수백 명의 하객을 대접했는데 온 동네와 교회 성도들이 내 집일듯 한마음으로 매달려 도와주신 그 정성 어린 도우심을 잊을 수가 없다.

7. 교장 취임

서울대 낙방 후 곧바로 한국신학대학에 후기 입학한 것은 신학 공부를 하면 해외 유학의 기회가 많고, 다양한 학문적 진출의 길이 열린다고 하시는 안봉걸 목사님의 지도와 조언을 따라 주님의 인도하심에 의지하여 큰 꿈을 안고 입학했고, 원대한 포부를 펼쳐 나가겠다고 하는 의욕에 차 있었는데, 아버님께서 학교 설립과 운영의 중추적 역할을 하시면서 나의 조력이 필수적이라는 간곡한 말씀이 있으셔서 모든 꿈을 접고 서둘러 야간 대학을 마치고 학교 근무에 임하게 된 것이었다.

학교 부임 후 나름 최선을 다하고 열정을 바쳐 보지만 여건과 능력의 한계뿐 아니라 구체적인 학교 운영의 방향과 이념의 실현을 위해 뜻을 추구하기에는 책임자로서의 위치가 아니고는 그 뜻을 실현하기에 어려움이 있음을 절감하게 되었다.

이에 설립 당초부터의 과도한 투자로 인한 부채가 누적되고 여건도 불비했지만 지역사회의 요구도 강한 상황이었고, 나의 이상을 펼치기 위해서는 고등학교를 설립하여 교장으로서 복음선교와 인간교육을 위한 교육철학과 뜻을 펼치고자하는 강한 소명의식을 갖게 된 것이다.

그래서 고심 끝에 장인어른을 설득하여 자금을 마련하고 친구의 도움을 받아 별도 부지에 고등학교를 신축 분리 이전하는 작업을 추진하게 된 것이다. 계획된 기본 시설을 완성하고 1976년 3월 신학기에 교장에 취임하기로 이사회 결의까지 마친 상태에서 어느 날 배응모 목사님께서 심방을 다녀오시다가 나를 만나 하시는 말씀 "3월에 교장으로 취임한다는 소식 듣고 축하했는데, 오늘 들으니 정 회장이 비판적 태도로 잡음을 일으키는데 신경을 써야 할 것 같다."는 것이다.

정 회장님은 지역사회 터줏대감으로 통하는 어른이셨는데, 마침 나와 초등학교 동창이 되는 병순이라는 아들이 있기에 나와는 좀 가까이 접해온 관계였다. 후에 우리 학교 육성회장님으로 모신 일도 있다.

그날 저녁 과일 한 상자를 사들고 정 회장님 댁으로 찾아가 말씀 드렸다.

"회장님! 제가 신학기에 고등학교 교장으로 취임하기로 했는데, 한두 분이 반대 목소리를 내신다는 말이 들립니다. 제가 다소 젊기는 하지만 김규태 교장선생님도 31세에 교장 취임을 했고, 저도 대학원까지 이수하고 경력이나 연령에 법적으로 아무 문제가 없으니 회장님께서 친구 병순이를 봐서 저를 키워주신다 생각하시고 반대하는 사람들을 지도하셔서 좀 도와주십시오."

그랬더니 "알았어! 누가 그런 소리를 하는가? 내가 도와줄게. 걱정하지 말고 잘 해봐. 축하하네."하고 말씀하셨다.

또 우리 지역에서 면장을 지내신 S씨가 반대 목소리를 낸다고 해서 그를 역전 사거리에 있는 N 식당으로 모시고 맥주를 대접하면서 정면으로 설득했다. "한 교감이 교장 취임하면 학생들이 데모를 한대요!" "면장님! 잘못된 정보를 들으셨네요. 이제 우리 학교가 제대로 좋아지겠다고 학생들이 박수치고 있습니다"라고 설득했다. 그렇게 어수선한 분위기가 되어 한편으로 불안한 마음도 있고 해서 취임식에 손님을 모시려고 인쇄한 초청장을 소각해 버렸다.

그런 후에 8학급 480명의 학생과 교직원 그리고 재단 이사님들과 자족만으로 1976년 3월 6일 고등학교 신축 현장에서 조촐한 교장 취임식을 거행하였다. 의욕이 충만한 33세의 젊은 나이였다.

자화자찬하는 것 같아 쑥스럽기는 하나 익산 교육계가 젊은 한병수 교장에게 뒤통수를 맞은 것 같다고 할 정도로 우리학교 축전 행사를 비롯해서 모든 교육 활동이나 내용에 박수와 찬사를 보낸 것이 사실이고, 단적인 예로

새로 이전한 신축 校舍 앞에서 취임사를 하는 한 교장

신입생 모집에 360명 6학급을 모집하는데 600여명이 응시하여 1.7:1에 이르는 높은 경쟁률을 나타내서 기독교 방송으로 합격자를 발표해야 될 정도였다. 뒤에 내용을

자세히 기술하겠지만 이렇게 지역사회의 큰 호응을 받고 발전 성장하여 모든 기우를 잠재우고 학교 발전의 전기를 맞이하도록 이끄신 하나님의 섭리와 은총에 감사하며 찬양과 영광을 주께 돌린다.

웃지 못 할 에피소드도 가끔 있었다.

교장 취임하고 3-4년 후의 일로 기억되는데, 부여교육장을 만나는 공적 업무가 있었다. 자리에 계신지 확인해 보니 2-30분 후에 들어오신다고 부속실에서 답변해서 내 신분을 밝히고 근처 다방인데 들어오시면 연락을 달라고 부탁하고 다방 한쪽에 앉아 기다리는데 20분쯤 후에 전화벨이 울린다.

교육장께서 오신 모양이다 생각하고 종업원 쪽을 바라보는데 몇 명 안 되는 다방 손님을 둘러보면서 아가씨가 "저! 여기 교~장 선생님! 안--"하는 것이다. 내가 재빨리 손을 들고 여기 있다고 소리를 높여서 전화를 받았더니 20여 분 후에 오신다고 연락이 왔다는 것이다. 자리에 돌아와 앉으니 다방 종업원이 내 앞에 와서 하는 말, "교장선생님이세요?" 눈을 크게 뜨고 의아스럽다는 듯 물어본다. 그렇다고 하면서 짓궂은 질문을 해보았다.

"내가 너무 젊어서 그러는 모양인데 몇 살이나 되어 보이나요?"

아가씨가 대답했다.

"50은 안 넘으셨고 47-8세쯤 되어 보이네요."

　내 나이 그때 37세인데, 10년을 위로 본 것이다. 사람의 선입관이 그렇게 무섭다 생각하면서 그냥 고개를 끄덕이고 말았지만 기분은 나쁘지 않았다. 그렇게 나이 50을 넘기기 전에는 처신이 조심스럽기도 하고 적응이 힘들어서 빨리 나이 먹기를 마음으로 재촉할 정도였으나, 60이 넘은 후부터는 내 나이보다 아래로 보아주는 것이 기분이 좋았다. 사람 마음이 그렇게 간사한 것 같다.

　교장 취임 후에는 긴장을 늦추지 않고 2층에 조그맣게 마련한 교장실에 야전 침대를 가져다 놓고 밤늦도록 기도하고 연구하면서 6개월간 교장실에서 잠자리를 했고, 교직원들과 함께 교육 내용의 충실을 기하기 위해 정성을 기울였다. 그리고 취임 초에 학교 찬송가를 발행하고 기드온 성서를 배부 받아서 아침 일과 시작 시간에 금주의 찬송과 오늘의 말씀을 묵상하고 하루의 일과를 시작하도록 했다.
　그리고 마음속으로 다짐했다.
　"내 나이 이제 33세. 누가 봐도 젊고 어리다고밖에 볼 수 없는데 어찌 교장이라고 장로라고 선뜻 인정해줄 수 있겠는가? 겸손하고 조심스럽게 처신하여 학교나 부모님께 누가 되거나 특히 하나님의 영광을 가리지 않도록 힘쓰자! 첫째도 겸손, 둘째도 겸손, 셋째도 겸손. 첫째도 조심, 둘째도 조심, 셋째도 조심. 이것이 내 생활이어야 한다."

그렇게 다짐하고 처신했음인지 큰 무리 없이 교장과 장로로서의 소임을 감당할 수 있었음은 전적으로 하나님이 이끄신 손길이었고, 모든 것이 은혜였음을 감사하지 않을 수 없었다.

8. 장로 장립

1976년 3월 교장에 취임하였고 미션 스쿨의 교장으로서 때마침 신황등교회에서 계획하고 있는 장로 피택에 나도 높은 관심을 갖게 되었다. 특별히 배웅모 목사님께서 우리 아버님이 69년 장로 임직이 되신 후로 두 분이 대의에서는 뜻을 같이 하시면서도, 세세한 분야 어찌 보면 지엽적이고 사소한 문제들에 자주 마찰을 빚으셨다. 내가 곁에서 보고 느끼기에도 두 분이 성격이 똑같이 급하고 격하셔서 생기는 문제였다. 이에 배 목사께서 내가 젊지만 신학을 했고 교장도 되었으니 장로로 세워서 당회에 참석하게 되면 당회 석상에서 부자가 함께함으로 한 장로도 조심스러울 것이요, 목사님 자신도 자제하게 될 것이라는 판단으로 나의 장로 피택을 은연 중 후원하는 뜻을

장립식을 마치고 4쌍의 신임 장로 부부 기념 촬영

보이셨다.

워낙 젊은 편이어서 쉽지 않다고 판단하신 나머지 5인 장로 피택을 목표로 하는 피택 투표 횟수를 5회에 걸쳐 시행하기로 결정하고 피택 공동의회에서 최상옥, 김규태, 김두만, 백영철, 한병수 5인을 피택, 백영철 집사가 사양하여 11월 26일 4인이 장립식을 가졌다.

결국 나는 1976년 3월에 교장에 취임하고 11월에 장립을 하여 44년 전 33세에 장로와 교장이 되는 놀라운 하나님의 축복과 사랑, 이끄시는 은총을 힘입는 복된 한 해가 되었다.

9. 가족들의 인사문제 조정의 고충

구차하고 부끄럽지만 주변 분들의 이해를 돕기 위해서 사실을 기술할 수밖에 없음을 양해 부탁드린다. 시대적으로 사회적 정서가 막대한 사재를 들여 사립학교를 설립하고 누적된 부채에 시달리는 어려움이나 고통은 의식하지 못하고 족벌 운영이라는 비판을 서슴지 않는 상황이지만, 일부 나의 가족들 생각은 때로 나 혼자 학교를 좌지우지하기 위해서 자기들을 우리 학교에서 일하지 못하게 한다는 오해가 있었다.

나로서는 이들을 이해시켜 적절한 위치에서 일하도록 안배하는 것이 심히 난해한 문제였다. 큰 조카(한애란)가 진경여고에서 근무하고자 하는 바람을 이해시켜 김제서고에 부임케 했고 밑에 동생(한영수)은 옥구 대성중학교에 부임토록 하여 지난해 정년 퇴임하였다.

막냇동생(한기수)은 동생이 박사 학위를 받은 직후 전남 교육위원회 의장단이던 대불대학 총장과 전북 교육위원회 의장단이었던 내가 인연이 되어 대불대학에 교수로 부임하였다.

셋째 동생(한익수)은 익산고에 부임케 했다. 이렇게 설립 주체인 우리 가정이 족벌적 운영이라는 비판을 피하기 위한 노력의 과정이 결코 쉽지 않은 많은 고충이 있었음을 이해해 주시기 바란다.

Ⅲ. Blue Ocean의 길을 열어가다

황야를 헤쳐가는 열정으로 블루오션의 길을 열어가다.

나는 1991년 9월 전라북도 초대 민선 교육 위원으로 피
선되어 활동한 4년의 기간을 전후하여 진경여상, 진경여
고 교장으로 20여 년간 재임하는 하나님의 특별하신 은
총과 축복을 누렸다. 누구보다도 주관과 소신을 가지고
적극적이고 활발한 학교 운영과 교육 활동을 할 수 있는
여건에서 사랑하는 진경 교직원 동지들의 협력으로 Blue
Ocean의 길을 열어갈 수 있는 행운을 누린 교장이었음을
하나님께 감사한다.

　블루오션이란 본래 경쟁적 혈투가 벌어지는 레드오션
에 대비하여 아직 잘 알려지지 않아 경쟁자가 없는 유망
한 시장을 가리키는 말로 쓰이는 경제학 분야의 용어지
만, 나는 여기서 우리 교육계에서 당시에는 아직 널리 활
용되지 않았던 새로운 미개척 활동 분야로 이해하는 관점
에서 사용하는 것이다.

　사립학교로서의 자율성과 특수성을 최대한 활용하여
다른 학교에서 쉽게 시도하기 어려운 특색 있는 교육활동
을 통해 학교 운영의 활력을 불어넣기에 힘썼다.
　뿐만 아니라 우리 지역에서는 최초의 자연 잔디 운동장
을 조성하고 각종 수목으로 교정을 아늑하게 가꾸는 한
편 조립식이지만 1,100여명이 한 자리에서 예배할 수 있
는 (당시 전교생 1,080명) 강당을 신축하고 1990년 테너 이동

범 교수를 초청하여 준공 감사예배를 드리고 사학진흥기금의 대출을 받아 1999년 체육관을 신축하여 우리학교는 물론 지역사회 교회와 단체에서 각종 연합예배와 행사에 적극 활용하도록 개방해왔다. 그리고 진경여자중학교도 협소한 교지를 탈피하여 1992년 현 위치로 개축 이전하였다.

진경여자중학교 전경

진경여자고등학교 전경

후원에서 학생들에 둘러싸여 대화중인 한 교장

　이제 여기에 이 길을 걸어오는 동안 묵묵히 헌신해 오신 진경의 동지들에게 깊이 감사드리면서 블루오션의 길로 추진된 몇 가지 특색 사업을 소개한다.

1. 진경 축전

　우리 학교의 위상 제고와 발전의 전기가 된 멋지고 자랑스런 행사였다. 황등여상으로 개교한 우리 학교가 교명으로 인한 한계를 절감하게 되었다. 젊은 교장으로서 의욕을 가지고 적극 활동하여 각급 은행 등 유수 기업체에 취업시킨 우리 졸업생들이 촌스러운(?) 교명으로 처신이 위축된다는 하소연을 계속해 왔다.

이리여상으로 변경을 시도했지만 시군 통합 훨씬 전이어서 행정구역이 아니니까 안 된다는 것이다. 그래서 기도하는 중에 요한복음 1장 9절의 "참빛"이라는 말씀에 영감을 얻어 진광을 생각해 봤지만 남성스러움이 느껴져 참 진(眞) 빛 경(景)의 진경으로 정하고 일가 되시는 한글학회 이사이신 한갑수 옹의 자문을 구했더니 전국에 이런 예쁜 이름의 교명이 없었다는 게 기이하다고 하면서 여학교 이름으로 이만한 좋은 교명이 없다고 칭찬하셨다.

이에 변경된 교명을 널리 홍보할 계기를 마련하고자 하여 행사를 구상했다. 1979년 당시만 해도 이리 시민문화회관에 피아노가 없어서 우리 학교 피아노를 용달차로 옮겨다 놓고 행사를 치러야 할 정도로 문화적 여건이 열악하고 어느 학교에서도 우리가 계획한 것 같은 종합예능 발표를 한 곳이 적어도 전북 도내에서는 한 학교도 없었다. 그야말로 새로운 시도, 블루오션의 길이었다.

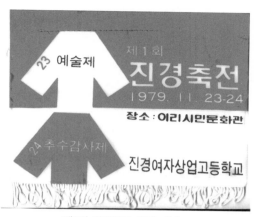

제1회 진경축전 기념 패넌트

　합창, 무용, 연극, 가야금 공연과 학생들의 각종 작품 종
합 전시회를 준비하면서 예산은 얼마든지 지원할 테니 작
품을 최고급으로 만들어 전시하여 "시골학교가 그렇지
뭐!" 하는 조소를 당하지 않도록 하라고 객기어린 큰소리
를 쳤던 기억도 있다. 그리고 나의 은사이신 연세대학교
김형석 교수님의 초청 강연도 가졌다.

　MBC 전주문화방송국을 방문하여 지금은 전북애향운
동본부장이신 당시 임병찬 MBC 보도부장님을 찾아뵙고
내용을 말씀드리면서 홍보를 부탁했더니 젊은 교장이 대
단하다고 하면서 뉴스 카메라를 행사장에 보내 주셔서 뉴
스 시간에 3-4분 동안 방영하여 큰 홍보 효과를 올렸음을
감사한다.

내빈석에는 도교육청 학무국장, 중등교육과장, 은사이
신 채의석 이리시장님, 정규두 이리교육장, 각급 학교장
등 시민회관 개관 이래 최대 인파가 모였다고 할 만큼 발
디딜 틈이 없을 정도로 초만원을 이룬 가운데 성공적인
제1회 교명 변경 기념 진경축전을 거행하여 우리 학교의
위상을 획기적으로 높이는 계기를 마련하였고, 1,2,3회는
이리시민문화회관에서 그 후로는 교내 강당에서 축전 행
사를 계속해왔다.

첫 축전행사를 하는 전날 밤, 교직원들과 함께 밤을 새
우며 새벽까지 무대 조성을 위한 교단을 등에 짊어지고
옮겨가면서 리허설과 행사 준비를 했던 열정적인 모습을
온 교직원이 함께 연출했다.

내빈들의 전시회 개막 테이프 컷팅
(좌측부터 소병철 중등과장, 채의석 이리시장, 채준석 학무국장,
한용석 이사장, 정규두 교육장, 한병수 교장)

2. 진경선교합창단

　1970년대 전국적인 명성을 갖고 있는 정신노래선교단의 공연을 교장 연수 기간에 접하고 큰 감동을 받았다. 미션 스쿨인 정신여고와 같이 우리도 할 수 있다는 믿음으로 1980년 당시 음악교사 함명신 선생의 헌신적인 지도와 학생들의 노력으로 지역 교회와 군부대, 나아가서는 한신교회 등 서울 대형교회, 전방의 주요 부대 교회 등으로 공연활동을 확대하였다.

선교합창단 발단 예배를 드리고 기념사진

　1992년 7월에는 필리핀 순회공연에 나서 7박 8일간 마닐라교회와 일루일루 섬 지역 교회를 순회공연하고 일루

일루 지역 원주민 마을 위로공연을 하면서는 찬양단의 가
사를 이해하지 못할 현지 성도들과 우리 학생 대원들이
찬양하면서 함께 눈물바다를 이루는 성령의 역사하심을
체험하기도 했다.

사물을 울리면서 필리핀 빈민가를 돌고 있다.
(우측에 당시 교장 선생님이셨던 김일원 목사님이 함께 찬양하고 있다)

빈민가 어린이를 위해
기도하는 김일원 목사님

필리핀 공연 중
감격의 눈물을 보이는 단원들

1997년에는 장개석 총통의 부인 송미령 여사와 송경령 여사 자매가 졸업했다는 상해 제3여자중고를 방문 공연하고 자매결연을 하였다.

2000년 7월 25일~30일(5박 6일)
중국 상해 제3여자 중고등학교에서 선교 합창단 방문 기념 촬영
앞 열에 김종거 교장님과 정창환 교장님이 보인다.

1999년에는 그 학교의 브라스밴드가 내한하여 우리 합창단과 익산문화회관, 전주기전여고 등에서 합동 공연을 하고 나서 전국 투어를 함께 하는 멋진 국제교류의 기회를 가졌다. 이 때 우리 학교의 동창회장 사희경 동문을 비롯한 전국에 산재한 많은 동문들의 물심양면의 적극적인 지원과 협력이 큰 힘이 되어주었다. 또 감사드리는 것은 이리 이안과 원장이신 이현식 장로님 내외분이 합창단의

상해 제3여중 밴드부 방문 기념 공연(우리 학교 강당에서)

국제교류 방문 기념 공연 후 문용주 교육감께서 초청 만찬을 제공했다.

단복을 제공해 주셔서 큰 힘이 되어 주셨다.

이런 선교합창단의 운영이 준비 과정과 순회 공연, 정기 연주회 등을 통해 하나님을 찬양하고 기도하면서 학생들의 정서 함양과 학교의 위상을 높여 가는 데 큰 힘이 되고 하나님께 영광이 된 줄로 믿고 이끌어 주신 주님께 감사드린다.

시골에 위치한 우리 학교가 선교합창단과 같은 이웃 학교들이 엄두를 내지 못하는 이런 블루오션의 길을 가는 데는 주님의 높으신 경륜은 물론 교목이셨던 김일원 목사님의 열정과 헌신으로 이어지는 신앙 지도와 함명신 선생, 주성남 선생의 희생적인 노력이 있었기에 가능하였다.

3. 진경퇴수회

한국신학대학 재학시에 경험한 퇴수회의 깊은 신앙적 체험이 나로 하여금 그 정신을 배경으로 하는 학생들의 신앙 수련 활동을 계획하게 이끄셨다. 물러날 퇴(退) 닦을 수(修) - 학교 현장에서 물러나 별도의 수련장에서 몸과 마음을 수련하는 신앙 연단의 기회를 제공하고자 하였다.

완주 대아리 저수지 넘어 동상 저수지 앞에 관리사무소

가 있고 그 옆에 약간의 공터가 있었는데, 전북농조 전무였던 이용회 장로님께 허락을 받아 전교생 천 명이 넘는 인원을 학교 버스를 이용하여 단체 이동하는데, 1980년 당시 그 진입로가 비포장, 일방통행로였고, 옆에는 깊은 호수여서 교직원들이나 이사장님까지도 위험성을 염려했지만, 나는 "하나님께서 인도해 주시는데 무슨 걱정입니까?"라며 그 위험한 골짜기를 오가면서 여름방학 1개월간 단 한 건의 사소한 문제도 없이 천여 명이 수련 과정을 마쳤다.

그때만 해도 여고생들이 수영복을 별로 경험해 보지 못한 시대적 분위기였는데, 빨간색과 코발트색 수영복 60벌씩을 준비해서 2학급 120명씩을 3박 4일간 그 계곡에서 수영복 차림의 물놀이 시간도 가져가며 사제동행의 즐거움을 누리기도 하였다.

수영복 차림의 학생들

김일원 교목님의 주관으로 나도 시종 그곳에서 상근 동참하면서 새벽 4시 반 기상 새벽기도에 밤 11시 반까지 기도와 특강, Sing Along, 수영복 물놀이, 그룹 토의, 1개월 후에 보내주는 촛불 앞에서의 자기에게 편지쓰기 등 짜여진 일정에 따라 밀도 있고 즐거운 수련회가 진행되었다. 아마 당시 중고등학교 과정에서는 전국 어느 학교도 이만큼 밀도 있는 수련 과정을 가져본 학교가 없을 것이라고 자부할 수 있는 성공적인 퇴수회였다.

　　이런 과정이 가능했던 것은 김일원 교목님의 사명감과 희생적인 헌신 없이는 불가능한 일이었다. 1개월 내내 김 목사님과 나는 꼬박 그곳에 머물면서 기도와 진행을 함께하고 하나님의 이끄시는 손길을 깊이 경험할 수 있었음을 또 한 번 감사한다.

　　진경퇴수회는 시대적 상황에 맞추어 그 후 장소와 내용은 계속 수정 보완하고 있지만, 40여 년간 우리 학교의 전통적인 학생 수련 활동인 블루오션으로 이어지고 있음을 감사한다.

4. 국제교류

    1980년대 말부터 정치·사회·문화적으로 크게 확대되어가는 세계화의 흐름에 우리도 능동적으로 동참한다는 자세로 교원들의 해외연수를 추진했다. 기억하기로는 아마 전라북도 내에서는 우리가 가장 먼저 교원 해외연수를 시행한 것으로 생각된다. 1990년 5월 근속 교직원 3명을 부부동반으로 대만으로 해외연수를 다녀오시도록 1인당 50만 원 정도(본인 부담분만)를 지원했던 것 같다. 이런저런 방법으로 예산을 마련하여 이예래 교장님(당시 교감), 김수경 서무과장, 김영욱 교무부장이 부부동반 3박 4일간의 대만 연수를 다녀왔다. 그 후 1년에 2-3명씩 10여 년간

중국 흑룡강성 상지 조선족 중학 본관 앞에서

연수를 지속하면서 대만, 중국, 몽골 등 연수지역도 확대 시행했다.

또한 국가·사회적으로 중국과의 교류가 확대될 것을 전망하여 전국에서 유일하게 2000년부터 중국교역과를 설치 운영하였다. 2000년 10월에는 중국 흑룡강 성 하얼 빈의 오상 시에 있는 조선족 사범학교와 자매결연하고 교류하면서 2000년 10월 교직원 3명과 학생 4명을 초청하여 연수시키고자 했다.

그런데 교원 3명 중 2명은 한국에 온 이튿날 잠적 도피하여 우리를 곤란하게 하였고 이철학 선생 1명만 정한 기간 연수 후 귀국했다. 학생 4명 중 1명도 일본으로 친척을 찾아 도피하고 3명만 연수 후 귀국했는데, 그 중 한명인 박홍월 학생은 그 때의 한국 생활과 연수 경험을 바탕으로 한중무역업에 종사하며 성공적인 사업을 하고 있다는 소식에 보람을 느낀다.

2001년부터는 하얼빈 상지 시에 있는 조선족중고등학교와 새롭게 자매결연하고 그 학교 교원을 우리 학교에 초빙하여 중국어과 교사로 근무하게 하여 숙식과 일정 수당을 지원하여 재직하게 하여 구본진 선생, 오선자 선생, 최혜령 선생, 양혜복 선생, 전효동 선생이 수고를 많이 하셨고, 이 일에 주정규 교장님, 김진봉 부교장님, 이성근 교장님이 여러모로 협력 지원을 아끼지 않아 교류 결연사

중앙의 교기 좌우에 나창용 선생과 한병수 교장

업이 좋은 결실을 맺었음을 감사한다.

또 우리 중국교역과 학생들의 중국어 구사능력을 향상시키고 중국문화를 현지에서 습득하게 하고자 6개월간의 현지 연수를 추진했다. 1학년 2학기에 상지학교의 기숙사에서 생활하면서 장기 연수 기회를 제공했는데, 연수 시작 전 10여 일간 상해, 북경, 항주, 소주 등 중국 관광 명소와 백두산 등정의 연수 여행을 시행한 후 상지학교 기숙사에 입소하여 학교 연수를 시작했다.

첫해 6개월 간의 연수 기간 우리 학교에서는 나창용 선생님이 특별한 헌신적 결단으로 학생들과 함께 타국 학교에서 사감 역할을 했다. 학생은 물론 기회 되는 대로 교직원들도 중국 현지 교류 연수 활동에 동참할 수 있도록 노력했다.

소신과 주관을 가지고 추진한 교류 사업이 일부 타 시도에 알려져 마산의 모 공립고등학교가 교육청에 자기들도 해외 연수를 추진하겠다고 신청한 모양이었다. 그건 불가능하다고 교육청에서 답하니까 전북의 진경여상은 6개월간 다녀왔는데 왜 우리 도는 안 되느냐고 항의하게 되어 전북교육청에서 학교장인 나를 소환하여 왜 이런 일을 추진했느냐고 추궁이다.

구두로 시행 계획을 설명해 보니까 부정적인 반응이어서 그냥 소신껏 시행하고 아무 탈 없이 큰 성과를 이루고 있다고 설명하니까 그래도 있을 수 없는 일이라고 질책이다.

월정사 교원친목 야유회

"이런 특색 있고 발전적인 사업을 사립학교에서 법·제도에 얽매이지 않고 소신 있게 시행 추진하여 성공하면 그것을 공립학교로 일반화하는 것이 사립학교의 존립 가치가 아니겠느냐?"라고 설득했지만, 그래도 법·제도가 허락하지 않으니 안 된다는 것이다. 여기서도 한국 정부의 규제 일변도의 정책적 한계를 느꼈다. 그래서 결국 다음 해부터는 방학 기간을 포함하여 2-3개월 정도로 연수기간을 단축 시행할 수밖에 없었다.

이런 탄력적이고 제도의 틀을 벗어난 교육적 성과를 거둘 수 있었던 것은 나의 의지를 긍정적으로 수용하고 적극 협력해 주셨던 이예래 교장선생님(당시 교감)과 정창환 교장선생님(당시 국제교류 담당), 나창용, 나각현 선생님 등의 협조와 헌신을 아끼지 않으신 선생님들이 계셨음에 감사하지 않을 수 없다.

그 후, 텐진 대학과 상해 지역 대학의 단기 연수 기간에 여러 선생님이 10여 년간 계속해서 수고를 많이 하셨음을 기억하고 감사한다.

그리고 일본교역과도 2008년부터 일본 큐슈(九州) 지역의 오리오 아이신(折尾 愛親) 고등학교·단기대학과 자매결연 교류하면서 그곳 대학에 진학하기도 하는 등 지금까지 교류 협력을 지속하고 있다.

이와 같은 폭넓은 교류협력 사업이 가능했던 것은 하나님의 이끄시는 섭리와 운영자의 의지와 소신, 그리고 구성원 교직원 모두의 적극적이고 긍정적으로 협력하는 도움이 없이는 불가능한 일이다.

이렇게 4가지의 블루오션을 소개해 보았다. 정말 나는 복이 많은 사람이다. 나를 도와주신 교직원 여러분! 정말 깊이 머리 숙여 감사드린다!

어느 한 가지 예외 없이 그야말로 혼신의 정을 다하여 실패나 실수를 두려워하지 않고 주의 이끄시는 손길만 믿고 의지하여 달려온 30여 년의 시간이었다. 감히 자부하거니와 주위에서 시도해보지 못했던 사업들이 성공적으로 시행될 수 있었던바, 이는 같이 이 길을 걸어와 준 동지들이 묵묵히 협조하며 도와주신 덕분임을 새삼 강조하고 싶다.

교직원 친목행사 후 만개한 운동장의 벚꽃 밑에 선 교직원들

Ⅳ. 각 분야 봉사의 길로 이끄신 손길

30대 초반 이른 나이에 교장으로서 기관장이 되고 장로 임직까지 받고 나니까, 좁은 익산 지역사회에서 많은 분들이 관심을 두고 지켜보시면서 이런저런 자리에 불러주시고 이끌어주셔서 30대부터 50대까지 2~30년간 매우 활발한 사회활동을 하게 되었다.

교직으로 몸담은 교육계뿐 아니라 기독교계나 시민사회단체까지 폭넓은 활동으로 지역 봉사의 기회를 얻게 되었음을 매우 영광스럽게 생각하며, 이끌어주시고 동행해 주신 많은 분께 깊은 감사의 마음을 전하고 싶다.

1. 기독교계

내 생애 기독교계에서 봉사한 의미 있는 일이 있다면 비록 현재는 그 실체도 제대로 유지하지 못하는 부끄러움이 있지만, 1996년부터 6년간 그리고 2008년부터 2년간 도합 8년간 혼신을 다해 시민사회단체로서의 YMCA로 하여금 젊은이들이 예수 그리스도의 삶을 배우고 훈련하며 역사적 책임의식을 가지고 민족 통일과 새문화 창조에 이바지하여 하나님 나라를 이루어간다는 목적문의 정신을 실현해 가도록 나름으로 최선을 다하면서 이사장으로

익산 YMCA 역대 이사장님들이 모처럼 함라산에 올라 망중한을 가졌다.
(좌로부터) 오세웅, 이용희, 한병수, 이현식, 조만석, 방순원 이사장님들

봉사할 수 있었다는 것이다.

특히 2008년에는 주변 선후배들의 스폰서를 받아 50여 명의 실무종사자 전체를 중국 석도의 장보고 유적지에 격려 방문 사업을 시행하기도 하고 캄보디아 연수도 실시하였다.

또한 기드온 협회를 창립 멤버로 참여하여 회장도 역임하면서 각종 성서 무료 배포사업에 힘써 참여하였고, 익산시장로연합회 회장 재임 시에는 100여명의 장로 회원을 후원하여 통일기원 금강산 방문 기도회를 추진한 사업도 감사한 일로 기억된다. 그리고 익산 노회와 총회에도

익산 YMCA 캄보디아 연수(2009)

익산 YMCA 중국 연수(2008)

해외선교활동 등 나름으로 참여 봉사할 수 있는 은혜를
누렸다.

기드온 전국대회에서 회장으로 인사하고 있다.

남호주 아드레이드 노회 교류 선교활동 방문(전서노회 시절)

2. 교육계

어린이 큰잔치에 송영길씨가 출연하고 있다.
(1993년 5월)

내 생애에서 가장 멋지고 보람 있게 역할을 수행했다고 자부심을 갖는 대외 활동한 것을 말하라고 한다면, 나는 교장의 자리에서 익산교육회장을 맡아 교원 단체 안에서 교원의 사기 진작과 교원 단체의 위상 제고를 위해 헌신할 수 있었던 것을 최고의 영예요, 보람으로 기억하고 있다.

진경여상 운동장에서 회원들도 운동장의 의자에 앉아
개회식에 같이하는 모습이 보인다.

이전에는 교육자의 날이라 하여 하루 쉬는 날로 인식되던 교육자대회를 활력 있는 행사로 구상 추진한 것이다. 어색하게 맨 땅에 지역별로 서서 거북한 모습으로 행사하던 개회식을 천여 명이 참석하는 행사장에 우리 진경여상 학생들의 의자를 전부 내놓고 앉게한 후 뒤편에 학생을 도열하게 했다가 행사 후 일시에 교실로 가져가 치우게 하고, 이리공고 밴드부를 교섭하여 행사장의 분위기를 생동감 있게 하면서 교원들의 사기를 진작시켜 주도록 군수·경찰서장께 참석을 부탁 동석하게 하였다. 그리고 주변 친지들의 스폰서를 받아 TV 등 많은 경품을 쌓아 놓고 행운권 추첨을 계속하여 행사 시작부터 끝까지 훈훈한 분위기가 이어지도록 노력하고 임기 만료 후에는 천 여 만원의 장학금을 조성하여 후임에게 인계하였다.

그리고 전라북도 사립중고등학교 교장회의 회장과 초대 민선 교육위원(부의장)으로 피선되어 봉사하는 보람도

제1회 익산 어린이 큰잔치(진경여상 운동장)

컸다. 또한 한국사립중고등학교 법인협의회 중앙이사로, 전북법인협의회 부회장으로도 봉사할 수 있는 기회를 가져 영광스럽게 생각한다. 또한 교육위원 재임 시에 진경여상 운동장에서 제1회 익산어린이큰잔치(1993.5.5.)를 추진 시행하였다. 공수여단 낙하시범, 35사단 군악대연주, 코미디언 송영길 초청 공연도 곁들인 활기찬 행사였다.

3. 사회단체 봉사활동

전주사범학교 1년 수료 후 전입학하여 이리고등학교를 2년밖에 다니지 않았지만, 동문들의 추대를 받아 1982년 약관 38세에 회장을 맡아 열심히 봉사했다.

이리고 동창회장으로 이리고등학교에서 원로 은사님 초청 사은행사를 갖고 있다.

재임기간 이리고 축구부의 명성을 살리고자 자주 우리 진경여상 버스로 이리고 재학생들을 수송하여 단체 응원도 참석시켜 회장 재임동안 두 번에 걸쳐 전국대회 우승을 뒷받침하는 성과를 거두기도 하였고, 동창회 장학기금 조성에도 나름 힘썼다. 2000년에 다시 한 번 회장을 맡으라는 권고로 두 번 총동창회장을 하는 영예를 누리기도 하였다.

그 외 33세부터 20여 년간 이리중앙로타리클럽 회원으로 봉사했고, 1997년에는 황등라이온스클럽 회장으로 봉사하고, 그 후 신황등 신협 이사장, 익산 선거관리위원회 위원(부위원장)으로도 봉사할 기회를 가질 수 있었다.

V. 수상과 포상

크게 능력을 발휘하여 두드러진 실적을 올리지는 못했다고 느끼지만, 여러 기회에 과분한 수상과 포상을 받은 것은 또 하나의 감사해야 할 축복이다.

2000년도에 한국일보사 주관 한국교육자대상을 받는 영예를 얻었고, 1999년에는 전북교육자대상으로 받은 상금 200만원을 그 해에 출생한 첫 손녀 우리 예쁜 하영이의 장기교육보험으로 예탁하는 기쁨도 가졌다.

황등라이온스클럽 친목 행사에서
아내를 업고 열심히 뛰는 중에
아내의 함박웃음

익산시민의장을 수상하고
예술회관 앞에서 기념촬영
1997년 5월 10일

시상식 마치고 한 교장 부부
(2000년 한국교육자 대상)

전북교육자대상 시상식에 앉아있는
한 교장 내외

    1997년에는 익산시민의장 문화장을 수상하는 자랑스
러움을 맛보기도 했다. 2006년 교직 정년퇴임시에는 국
가가 주는 근정훈장을 받고 교직을 마감했다.

제5장

사랑의 자리로 이끄신 50년
(금혼을 맞으며)

한병수, 진상윤 부부 금혼(결혼 50주년) 특별찬양기념(2020. 01. 26.)

　결혼 50주년이 되는 지난해 1월 우리 가족 18명이 모두 참석하여 주일 예배에서 할 수 있는 악기 연주로 피아노, 바이올린, 첼로, 해금 등을 합주하면서 가족 찬영 '사랑의 종소리'로 하나님께 감사 찬송을 드리고 신황등교회 성도님들에게 오찬을 대접하는 것으로 이날을 함께 기념하는 기회를 가졌다.

예로부터 결혼 생활 50주년은 금혼이라 하여 부부간의 감사한 정을 더불어 기념해왔다.

서로 다른 길을 걷던 부부가 하나가 되어 한 인생을 반세기 동안 걸어왔다는 것은 한 사람의 인생에 아주 값지고 큰 의미를 주는 날이다. 금혼을 맞아 새로운 마음으로 지난 50년을 돌이켜보면 우리 부부의 아름다운 추억 뿐 아니라 함께 한 가족들과 기쁨을 나눌 축복된 날로 여겨진다.

특히 함께 신앙의 길을 걸어온 그리스도인으로서도 그 긴 세월을 사랑과 은총으로 돌보시고 이끌어주신 주님께 감사하고 하나님께 영광을 돌리는 계기가 되었다.

아내와 부부의 연을 맺고 여러 가지 어려움을 극복해 오면서 4남매 자녀들과 사랑의 보금자리를 가꾸어 왔던 지난날을 감사함으로 돌아보며 가족들과 함께한 지난 세월의 단상을 글로 표현해 보고자 한다.

1. 어색한 만남으로 시작된 백년해로의 길 - 사랑과 축복으로 꽃피우다

우리 부부의 첫 만남은 1968년 12월 하순 아내의 이종 사촌 언니의 소개로 언니가 학교 근처에서 세 들어 살던

방에서였다. 우리의 첫 만남은 정말 쑥스럽고 어색했다. 그러나 말보다 마음이 통했고 양가의 어른들도 합의하여 첫 만남 후 불과 18일 만에 전격적으로 약혼 예배를 드리고 아내를 우리 학교에 출근시켰다.

어깨동무하고 50년을 같이해 온 아내에게 감사하며

고등학교를 갓 졸업한 직장 1년 차 아가씨와 나 역시 학교에 부임한 지 채 1년이 안 된 직장 초년생이 만나 무슨 얘기가 오갔었는지 일말의 기억조차 없지만 피차에 신앙적 가정에서 닦아온 진실함으로 서로의 뜻이 통했으리라고 믿어진다. 약혼 후에 곧바로 출근하게 되어 매일 사무실에서나 밖에서 얼굴을 볼 수 있었기에 1년은 금세 지나가고 미리 예정한대로 이듬해 1970년 1월 3일 처가 교회인 이리성결교회(현 사랑의동산교회)에서 혼례식을 올리고

막내가 태어나기 전 3남매와 행복한 한때

부모님 댁 길 건너 집에 신방을 차렸다.

언젠가 아내가 사람들이 우리 사이에는 퍽 아기자기한 로맨스가 있을 것 같다고 말한다는 이야기를 들었다.

오랜 세월 좋은 금슬을 유지해 그런 예상을 하는 것 같지만 안타깝게도 우리 사이에 사람들이 기대하는 그런 로맨틱한 사연은 없다. 아내가 그런 말을 할 때마다 나는 지난 50년을 함께 지내 오면서 힘겨울 때도 많았지만 하나님의 은총으로 우리만큼 큰 축복과 사랑을 받은 사람들을 쉽게 찾아볼 수 없을 것이라고 말하며 로맨틱한 사연보다 은혜의 사연이 월등히 많은 지난날을 더욱 감사해야 한다고 말하곤 한다.

주변에서 그렇게 말을 해주는 것은 너무도 감사한 일이다. 아내에게 나는 사람들의 생각보다 더 아름다운 추억과 사랑으로 나이가 들수록 더 새록새록 사랑과 행복이 더해가는 축복의 나날을 더 해가자고, 또 그렇게 사람들에게 말해달라고 도 했다.

남원 바래봉의 한때

정말 감사한 것은 날 이 가고 해가 갈수록 아 내에 대해 새롭고 또 고 마운 정이 날로 더해간 다는 점이다. 아내의 현 숙한 모습이 날로 더욱 나를 바로 세우고, 때로 힘겨운 나날을 잘 극복 하고 버텨오게 하였다.

크게 자랑할 것도, 눈부실 정도로 화려한 것도 없지만 누 구에게도 부끄럽지 않은 가통을 이어오고 있음에 감사 한다.

4남매 부부, 손자 넷, 손녀 넷, 온 가족 열여덟 식구가 모 두 건강하고, 자기 위치에서 성실히 제 몫을 감당하여 신 앙 안에서 복된 삶을 꾸려가고 있는 것만으로도 하나님께 감사드릴 이유가 차고도 넘친다.

"우리는 주의 백성이요 주의 목장의 양이니 우리는 영원히 주께 감사하며 주의

1991년 결혼 20주년 이듬해, 우리 내외는 아주 멋지고 자랑스러운 특별한 여행의 기회가 찾아왔다.

1985년 20일의 금식기도 후 학교가 어느 정도 안정된 상태에서 재충전의 기회를 갖고자 모색하던 중에 대학교 선배이신 정태기 박사님께서 시카고대학교의 메코믹 신학원 6개월 연수 프로그램에 초청해 주셨다. 나는 1개월 기본 어학연수를 마치고 마침 교육위원 선거 계획이 발표되어 연수 계획을 나중으로 미룬 채, 아내를 미국으로 오도록 준비시켰다.

그때 마침 시카고에서 같이 생활하던 이강세 목사님과 협의하여 미국 중서부 자동차 일주여행을 추진했다. 미국 생활이 생소할 수밖에 없는 내게 30대 후반의 젊은 이강세 목사가 큰 도움을 주었다. 덕분에 구체적인 여행 계획을 짜고 1개월간 렌트카도 예약해 놓은 후 시카고 공항으로 아내를 마중하려 나갔다.

녹색 투피스 정

미국 생활에 도움을 주신 이강세 목사와 함께

장을 입고 입국장
에 도착한 내 아내
는 언제나 그렇듯
사람들 중 제일 돋
보이는 아름다운
모습이었다. 물론
다른 사람들이 정
장스타일이 아닌

마중 나갔던 시카고 공항 입국장에서

활동복 차림이 대부분이어서 더욱 눈에 띄었을 수도 있지
만…

렌트한 차량은 빨간색 올스모빌 3000cc쯤 되어 보이
고, 출고된 지 일주일 되는 새차였다. 이 역시 감사할 따
름이었다.

시카고를 출발해서 낯선 미국 땅의 고속도로를 달랑 지
도 한 장만 들고 이 목사에게서 습득한 짧은 지식을 가지
고 서부지역을 향해 출발했다. 스스로 생각해봐도 나의
모험심은 대단하다고 해야 할지 무식하면 용감하다는 말
이 더 어울리는지 알 수 없을 정도였다.

지금 와서 돌아보면 너무 막무가내가 아니었나 싶기도
하다. 다행히 하나님의 보호하심과 기도로 마음을 수시로
잡았던 덕에 별다른 문제는 없었다. 중부지역을 지나 서
부로 고속도로를 달리는 동안, 고속도로에 차량도 우리나

라처럼 많지 않았고, 계획된 코스를 완주하고자 서두르는 나를 빼고는 대부분 여유롭고 안전하게 차량을 운행하고 있었다.

잘 갖춰진 도로 시스템에 법규를 준수하며 여유가 넘치는 대부분의 미국인들의 생활 습관 덕분에 긴장감 없이 여행할 수 있었다. 그리고 20일간의 중서부 일대를 달려온 일정 동안, 단 한 번도 교통사고나 경찰이 단속하는 모습을 만나볼 수 없었다.

시카고를 출발하여 다코다 주 러시모아산의 거대한 석조상(워싱턴, 링컨을 비롯한 4명의 대통령상)을 만나보기도 하고, 유타 주의 몰몬교 본부 솔트레이크시티를 방문하고 중·고등학교 때 즐겨 노래 부르던 콜로라도 강(흙탕물이었지만)을 지나 후버댐도 찾아보고, 그랜드캐년, 라스베이거스를 거치다 보니 시간이 촉박했다.

애초에 계획한 LA까지는 갈 수 없을 것 같아 다음 기회에 동서부 관통 여행을 다시 시도할 것을 다짐하고, 시카고 쪽으로 방향을 돌려 20일간의 미국 중서부 대장정을 마무리했다.

돌아오는 중간에 세계 최초, 최대의 국립공원이라는 옐로스톤 국립공원에 들러 하늘 높이 치솟는 간헐천도 만나보았다. 20일간 대부분 고속도로변 모텔에 투숙했는데,

러시모아 석상 앞에서

콜로라도 주의 휴양도시 아스펜에서는 모처럼 그럴듯한 호텔에서 투숙했다. 중간에 길을 잘못 들어 헤매다가 록키 산맥 깊은 계곡의 산장에서 하룻밤을 긴장하며 묵기도 하고, 달리고 쉬고…

서부로 서부로 또 달리다보니 밤 9시가 지나도 해가지지 않는 백야 현상도 경험하고, 어느 때는 저 멀리 황야에서 허리케인이 이쪽으로 향해 오는 듯한 회오리바람을 보고 놀라기도 하면서 모험과도 같은 여정을 이어갔다.

우리 부부는 40대 중반의 나이였지만 주위를 지나가는 차량이나 우리의 고속도로 휴게소 격인 레스트 에리어에서 만나는 대부분의 사람들이 7,80대 노부부였다.

앞자리에 부부가 앉아 있고, 뒷좌석에는 봉을 끼워 옷걸이를 만들어 여러 벌의 옷을 걸어놓고 긴 여정을 이어가는 것 같았고, 휴게소에서는 우리와 달리 레스트 에리어에 취사시설이 있으므로 여유롭게 밥을 지어 먹고 나서 부인이 씻어주는 그릇을 지긋하신 할아버지가 하나씩 하나씩 차량 트렁크에 천천히 옮겨놓는 노부부의 여유로운 모습이 한없이 평화롭고 부러워 보였다.

여행을 마치고 시카고에 돌아오니 렉비유 교회의 이종민 목사님을 비롯한 많은 교인들이 자신들은 2, 30년 미국 생활에도 그런 여행을 엄두도 못 냈는데 대단한 도전적 정신이라고 부러워하셨다.

20일간 달린 차의 마일리지를 계산해 보니까 하루에 익산에서 서울까지 매일 두 번씩 왕복한 만큼의 거리를 달린 결과가 될 정도로 벅찬 일정을 소화한 셈이었다.

그리고 시카고에 머무는 동안 감사하게도 정상균 목사님께서 시무하시는 삼일교회에서 따뜻한 영접을 받고 교회생활을 할 수 있었다.

시카고 삼일교회 앞에서 정상균 목사님 내외분, 정태기 박사님 내외분과 함께

한참 내가 활발히 활동하던 젊은

시기에는 내 그늘
에 가려 아내의 활
동이 눈에 띄지 못
했고, 그저 내 후광
(?)으로 지역 여신
도 연합회 임원 활
동을 하는 정도의
봉사에 그쳤다. 하

여신도회 전국연합회 회장으로 실행위원 대회를 주관한 모습

지만 점차 우리 진 권사의 진가가 인정되면서 전북서연합
회 회장, 익산연합회 회장은 물론, 여신도회 전국연합회
회장으로도 크게 활약하면서 지도력을 발휘하고, 어디서
나 존경과 칭찬을 한 몸에 받는 지도자로 우뚝 섰다.

　그리고 이제는 내가 오히려 아내를 앞세워야 하고자 하
는 일이 쉽게 추진될 정도가 되었다.

　특히 장년기 이후로는 더 빼어난 용모가 주위의 눈에
띄어 생소한 모임에 나가면 가끔씩 "혹시 몇 년도 미스코
리아였던가요?"하는 난감한 질문을 받기도 한다.

　요즘은 다양한 취미활동으로 첼로, 오카리나, 하모니
카 등 악기 연주도 곧잘 출연하여 아내가 숨은 재능과 은
사를 십분 펼쳐보는 즐거움과 보람을 누리고 있다. 그리
고 못 다한 향학의 꿈을 이루고자 40대 늦은 시기에 힘겨
운 방송통신대학 4년 과정을 졸업하고, 원광대학교 교육

미국 연수 후 귀국 시 공항에 나오신 간부 교직원들

대학원에서 석사과정을 이수하여 가정과 중등교원 자격증도 취득하는 열정을 보여주었다.

더욱 고마운 것은 자신이 지닌 자랑스러움을 내세우려 하지 않고, 묵묵히 자기 일에 성심을 다하는 은근함이 더욱 사랑스럽다. 아름다운 용모뿐 아니라 하나님이 주신 지혜로 모든 일을 처리하는 현숙함을 느끼면서 아내가 주님이 내 인생에 주신 가장 귀한 축복임을 감사한다.

"누가 현숙한 여인을 찾아 얻겠느냐 그의 값은 진주보다 더 하니라" – 잠언 31:10

구름이 막 걷힌 백두산 천지를 배경으로(마침 아내의 50회 생일이었다)

신황등교회 한걸음 오케스트라 단원으로 연주활동하고 있다.

2. 천하를 얻은 듯 벅찬 가슴. 아! 내가 아버지가 되었다.

결혼 후 1년이 된 1971년 1월 30일, 아직도 그날을 잊을 수 없다. 임신 중인 아내가 진통이 와서 다급하게 이리한일산부인과에 갔는데 역산이 되는 바람에 고생이 많았다. 원장이 밖에서 기다리는 남편도 들어오라고 했다. 산모와 함께 나도 힘을 써서 겨우 출산했다. 너무 힘들었는지 아기도 울지를 못하고 얼굴이 푸르게 굳어 있었다.

나는 바로 문 밖에 나와 있었는데, 원장이 아기 입에 자기 입을 대고 호흡을 조정하고 애를 써서 조금 후에 "응애!"하고 아기 울음소리가 들리는 순간 나는 천하를 얻은 듯한 벅찬 가슴으로 내 생애 최고의 감격과 기쁨을 맛보았다.

"아! 내가 아버지가 되었다."

동시에 긴장한 탓인지 내가 두 다리를 덜덜 떨고 있음을 느꼈다.

그렇게 내게, 우리 가정에 행복과 기쁨을 안겨준 나의 큰아들 상준이가 어느덧 50세가 되고 학교 관리자인 교감으로 재직하고 있다. 신앙도 바르게 성장해 교회에서는 장로로 임직되어 3대 장로 가정의 축복을 이루기도 하였다.

일본 문부성 국비 장학생으로 동경대학대학원에서 5년
간 박사과정을 마친 경륜과 능력을 바탕으로 진중하고 성
실하여 주위에 덕스러움을 인정받고 있다. 그리고 1남 2
녀의 3남매를 둔 애국자이기도 하다.

중앙대학교 교육학과 과커플이기도 한 우리 맏며느리
혜진이가 각별한 내조로 남편이 학교와 교회에서 중책을
맡아 봉사할 수 있도록 돕고 있다. 그리고 성실한 지도와
뒷바라지로 큰아들 강희가 한국항공대학에 합격하여 우
리 가족 모두를 기쁘게 해주었음을 감사한다. 둘째 소영
이도 전북외고에서 열심히 하고 있으니 하나님께서 좋은
길로 이끄실 것이요, 똑똑이 지영이는 남성여중에 입학하
여 엄마의 특별한 사랑을 받으며 잘 자라고 있다.

장남 상준이가 일본 문부성 장학금으로 동경 유학 시절 맏손자(강희)를 안고

3. 약하게 태어났어도 강하고 현숙한 고명딸 정은이

둘째 정은이가 이듬해 4월 2일 연년생으로 태어났는데, 병원에 오신 할머니께서 아이가 너무 허약해 보이시는지 이런 약한 애는 처음 보는 것 같다고 하실 정도로 아주 약

첫째 손주 하영이 태어나 시부모님들과 함께

해 보였다. 그래서 우리 내외와 할머니께서 더 많이 기도하고 신경을 쓰기도 했다. 자라면서 점점 건강해지고 운동도 곧잘 하고 지금은 4남매 중 제일 건강한 편이고, 내가 매일 감사의 기도를 드리고 있지만 엄마를 빼닮은 현숙함과 효심이 우리 내외를 아주 행복하게 한다. 전북대 졸업 후, 김제 덕암고와 진경여상에서 수년간 교직생활을 하다가 복 있는 우리 정은이가 능력 있고 성실한 좋은 남편 이영달 원장을 만나 경기도 일산에서 안과병원을 안정적으로 운영하면서 의료봉사에 힘쓰고 있다.

그리고 큰딸 하영이를 엄마가 잘 뒷바라지 하여 2년 전에 우리 집안 손자손녀 중 첫 번째 대학생으로 연세대 융

합과학공학부에 합격 입학하여 우리 온 가족을 기쁘게 했고, 아버지를 닮아 영특하고 운동도 좋아하면서 신앙이 돈독한 아들 재영이는 백석고등학교에서 자신의 꿈을 이루기 위해 열심히 노력하고 있으니 정말 대견하다.

4. 벅찬 과정 잘 극복하고 의료봉사에 헌신하는 셋째

셋째 우리 상돈이는 황등중학교 졸업 후 한국 고등학교 인간교육의 상징인 거창고등학교에 입학시켰다. "월급이 적은 데로 가라"로 상징되는 진로지도의 역설을 가지고 인간교육에 힘쓰는 학교, 평소 다소 지면이 있었던 동갑내기 전성은 교장과 상의하여 우리 지역에서는 아마 제일 먼저 경상도 거창 외지에 아들을 유학 보낸 것 같다. 3년 과정을 마치고 우리 내외가 진로 문제를 가지고 거창 하숙집에서 어디로 지원할까 고민하면서 논란이 일자 우리 상돈이가 힘차게 말했다.

"부모님, 저는 어디 학교를 가느냐는 크게 신경 쓰지 않습니다. 그저 거창고등학교를 졸업하는 자체만으로도 만족합니다. 걱정하지 마십시오."

의젓하고 단호한 어린 그의 소신에 오히려 우리 내외가 감동되었다. 재수를 했지만 결국 건국대학교 의과대학을 졸업하고 신경과 전문의로 진료 봉사를 하고 있다. 모두가 힘들어하는 의학 공부를 우리 상돈이도 우여곡절을 겪으며 힘겹게 졸업했다. 신촌 세브란스에서 레지던트 수련의를 하고 있을 때인 2002년 6월 내가 뇌졸중으로 쓰러졌을 때도 신속히 대처해서 위급한 상황을 넘길 수 있었다.

"한 교장, 좋은 인생 끝난 줄 알았는데 다행이다"라고 지인들이 말할 정도로 건강이 완전히 회복되어 오늘까지 원만한 일상을 활동하는데 큰 어려움이 없다.

촌각을 다투는 뇌졸중 치료에 하나님께서 나의 어려움에 대비하여 우리 상돈이를 세브란스 병원에 대기시켜 놓으셨음에 감사한다.

6년의 벅찬 과정의 의대를 졸업하는 셋째 상돈이의 졸업식

그리고 당시 특별히 고마웠던 일은 뇌졸중 치료 후유증을 회복하도록 체질 개선이 필요하다고 판단하신 장상훈 목사님 내외분께서 퇴원 후 귀한 야채즙을 정성스럽게 만들어 주셔서 100일 동안 장기간 복용하여 건강한 체질로 바뀌게 해 주셨음에 그 깊은 정을 잊을 수가 없다.

둘째 며느리… 차분하고 겸손하며 성실한 우리 은정이는 서울대학교 작곡과를 졸업하고 상돈이가 출석하던 서울 소망교회 성가대와 오케스트라에서 반주 및 편곡 등 음악부 봉사를 하고 있으며, 모교인 서울예고에서도 음악 이론 강사로 활동하는 재원이다. 그리고 초등학교에 다니는 건희, 세영이 남매를 건강히 잘 키우고 있는 모범 주부이기도 하다.

5. 못다 이룬 꿈 이어갈 기대주 막내

과거급제의 역량과 예지를 지니신 나의 조부님을 가장 많이 닮은 우리 막내 상욱이!

6척 장신의 조부님 풍모에서부터 인자하고 지혜로우신 성품을 빼닮은 막내 상욱이가 우리 집안의 기대주이다.

2남 1녀 후에 딸 하나를 더 두고 싶었던 내가 간신히 아내를 설득하여 넷째를 가지고 딸을 기다리던 때다. 하늘에서 떨어지는 별을 치마폭에 받으시는 태몽을 꾸시고,

내가 태어났다고 말씀하신 어머님께서 출산을 얼마 앞두고 하시는 말씀이 "내가 꿈에 아주 멋지게 크고 벼슬이 쭈뼛한 화려한 수탉을 보았으니 너희 넷째는 아주 잘 생기고 똑똑한 아들이 태어날 것이다"라고 실망스런(?) 말씀을 하셨다.

1981년 5월 5일 부모님 합동 회갑연을 학교에서 갖기로 하고 한참 준비하며 막내를 빨리 해산하기를 고대하고 있는데, 예정일로부터 한 달여가 지나도록 진통 소식이 없어 서둘러 전주 예수병원에까지 가서 인공 유도 분만을 통해 출산하고 보니 정말 잘생긴 아들이었다. 부모님께서도 손자가 너무 잘생겼다고 어찌나 좋아하셨는지 모른다. 그리고 산모는 산후조리 때문에 회갑연 준비나 행사에 전혀 관여하지 못하도록 하셔서 주변에서 나면서부터 단단히 효도하는 효자라고들 했다.

엄마가 형들 앞에서 막내를 곧추세운다.

그 당시로는 늦둥이인지라 사랑이 더함이었

을까?

초등학교 입학 후에는 등교 때마다 내가 머리에 손을 얹고 기도하고 뽀뽀해서 학교를 보냈다. 내가 혹시 깜박 잊으면 쫓아와서 "아빠! 기도!"하면서 채근하여 꼭 기도를 받고 등교하곤 했다. 그러기를 7-8년 중학교 2학년 때가 되니까 키가 커서 머리에 손을 얹고 기도하고 뽀뽀하기가 어렵게 되어 그만 중단했다.

1990년 교육위원 선거에 입후보하여 4명의 후보 중 2위를 하고 과반수 당선자가 없어 2차 투표에 들어갔을 때, 집에 아내에게 전화로 기도를 부탁했었는데 2차 투표에서 당선이 되고 집에 오니까 우리 막내 하는 말 "아빠! 나 2차 투표할 때 2층에 올라가서 하나님께 열심히 기도했어요"라고 하는 게 아닌가? 왈칵 눈물을 쏟으며 막내를 껴안고 초등학교 3학년 막내의 기도를 들어주신 하나님께 감사 기도를 드렸다.

상욱이가 초등학교 4학년 때쯤이었던 것 같다.
나는 평소에 아내에게도 아이들에게 공부하라는 말을 못하게 한다. 공부하라고 하면 오히려 내가 "아냐. 나가서 놀아. 열심히 놀고 와서 숙제 해!"하기도 했다. 그러나 한번 정한 약속을 어기는 일은 참을 수 없었다. 한 번은 일기 쓰기 같은 사소한 일이었지만 분명히 약속한 일을 안

해서 그케 화를 낸 적이 있다.

"당장 팬티만 입고 마당 잔디밭으로 나와!"

추운 겨울눈이 희끗희끗 내리는 밤이었다. 미워서 혼내는 것이 아니라 가르치기 위해 혼내는 것임을 알려주기 위해 나도 팬티만 입고 벗은 몸으로 먼저 컴컴한 마당에 나가 섰다. 부자간에 어린 아들과 나란히 서서 아마 2-30분을 눈밭에서 함께 기합을 받으며 많은 것을 느꼈을 것 같다.

황등중학교를 졸업하고 그 당시 일시 평준화 추첨 배정이 중단됐을 때 친구와 함께 남성고등학교를 진학하겠다고 해서 본인 뜻을 존중했다. 합격하고 2년을 다녔는데, 중간 이하의 성적으로 학교생활에 잘 적응이 안 되던 중 마침 5차원 전면 교육의 인간교육을 목표로 하는 세인고등학교가 신설됐다. 가족회의와 본인 동의를 받아 남성고등학교를 2년만 다니고 신설 세인고등학교 1학년으로 다시 입학하여 5년간 고등학교를 다닌 특이한 이력을 갖게됐다. 그래도 맞는 자리를 찾아갔는지 적응을 매우 잘했고, 제1회 세인고등학교 학생회장과 졸업 후 지금은 동창회장을 맡아 모교 발전에 이바지하고 있다.

우리 막내는 기도의 용사들에 둘러싸인 신앙인이다.

본가가 3대 장로 집안(조부, 부, 형)이고, 외가의 외조부,

외삼촌이 장로님이시고, 처가는 3대 목사 집안(처 할아버지, 장인, 처남)이어서 온통 기도의 후원자들이 밤낮없이 기도로 뒷받침하는 신앙의 지원자들에 둘러싸여서 활동하는 일꾼이다.

지난 7대 지방선거에도 37세의 매우 젊은 나이에 인지도도 낮았는데도 시의원 선거에 출마했는데 어려운 전망을 앞두고도 많은 숨은 조력자분들의 협력과 둘러싸고 있는 가족들의 기도로 기적 같은 당선의 영예와 축복을 누렸다.

스스로의 힘으로 당선되고 잘 나가는 것이 아니기에 우리 막내 상욱이야말로 항상 기도하며 더욱 겸손하고 성실하게 성심을 다해 지역사회에 헌신 봉사해야 할 책임이 크다. 그래서 하나님께서 대학도 하나님의 대학이라고 하는 명문 한동대학으로 인도하셔서 경영학을 공부하게 하셨을 것으로 믿는다.

막내며느리 슬기는 전북대에서 바이올린을 전공한 재원으로 오케스트라 단원으로 활동하는 등 각 분야 음악 봉사에 성심으로 활동하고 있고, 금년에 초등학교 2학년이 된 귀염둥이 석희를 잘 뒷바라지하고 성실히 내조하여 내년에 시행하는 선거에서 원만히 재선할 수 있도록 힘써야 할 것이다.

6. 우애 깊은 4남매의 유럽 배낭여행

나와 비슷한 연령층에서 나처럼 4남매를 둔 사람은 흔치 않다.

우리 세대는 2남 1녀를 가장 선호했고, 나도 2남 1녀를 두었는데 딸이 그렇게 귀여워서 산아제한을 한창 강조하던 시기였지만 아내를 설득했다. 딸을 바라는 마음으로 넷째를 낳았는데 바라던 딸은 아니었지만 잘생긴 기대주 막내아들 상욱이가 늦둥이로 태어났음에 감사한다.

30대 후반, 그러니까 1980년 11월 황등 유지 한 분이 자제의 주례를 부탁하여 사양했지만, 강권하셔서 37세 젊은 나이에 첫 주례를 시작으로 제자, 후배, 친지분들의 자제를 비롯해서 학교의 교직원 등 지금까지 77쌍을 주례했다. 주례사를 할 때마다 나는 자녀를 많이 낳아 잘 기

알프스산을 배경으로 한 4남매(1994년 8월)

르라고 강조한다. 그것이 축복이요 애국임을 역설하는 것이다.

우리 집도 4남매가 건강히 잘 자라고 서로 격려 협력하며 우애하는 모습이 우리 부부를 행복하게 한다. 앞서 언급했듯이 아버님이 갑자기 운명하셔서 구두로 매매 계약했던 부지의 일부를 산소로 사용하도록 양보 받았는데, 10여 년 후 황등 우회도로 건설이 추진되면서 산소를 조성하고 남아있던 땅의 일부가 도로로 편입되어 뜻밖의 보상금이 나왔다.

생각지도 못한 수입을 의미 있게 사용할 방법이 무엇인지를 고민하다가, 자녀들의 견문을 넓혀주고자 4남매를 불러 놓고 모두 함께 유럽 배낭여행을 다녀오도록 권유했다. 보상금으로 나온 돈을 전부 큰아들에게 맡겼다.

당시 막내는 황등중학교 1학년에 재학 중이었다.

해외여행이 흔치 않은 시대까지는 아니었지만, 한 집에서 4남매가 함께 유럽 여행에 나선다는 것은 결코 흔하게 볼 수 있는 일이 아니었다. 할아버지께서 작고하시면서 지켜주신 땅에서 나온 보상금이니 손자손녀 4남매가 감사한 마음으로 의미 있게 사용한다면 큰 축복이라 믿고 격려하여 여행이라는 도전을 떠나게 했다.

재정을 관리하는 맏이가 가장 고생이 많았다.

한 푼도 새나가지 않게 빈틈없이 관리하면서 절약하고

절제하는 가운데 가끔씩 동생들과 이런저런 의견도 부딪히곤 했지만, 예쁜 선물 하나도 사지 못해 아쉬워하는 여동생의 마음을 달래기도 하며, 힘든 가운데 크나 큰 성장을 경험한 유익한 여정을 잘 마치고 귀국했다. 그렇게 다져진 형제애가 막내의 시의원 선거에서 한마음으로 후원하는 일까지 이어져 기적처럼 당선하는 일에도 저력을 발휘한 것으로 믿어 감사한다.

7. 장모님의 사위 사랑

장모님 생신에 맏사위, 막냇사위와 함께

3년 전에 작고하신 사랑하는 장모님!

남영애 권사님은 신실한 신앙인이실 뿐 아니라, 오늘날 축복된 사람의 상징으로 표현되는 99세까지 팔팔하게 살다가 이삼일 앓고 떠나는 속칭 '99.88.234'를 그대로 겪으시고 소천하신 이상적인 어른이시다.

운명하시기 불과 1주일 전에 우리 내외가 장모님을 모시고 왕궁온천에 다녀왔었다. 내 차의 뒷좌석에 앉아 내 허연 머리를 가리키시면서 이런 말씀을 하셨다.

"누가 나처럼 이렇게 머리가 하얀 사위가 운전하면서 장모를 온천에 모시고 다니는 사람 있으면 나와 보라고 그려! 이렇게 복 받은 사람 나밖에 없어!"

나에 대한 고마움을 오고 가며 몇 번이나 표현하시던 장모님은 정말로 지혜로운 분이셨다.

온천을 다녀온 지 며칠 뒤에 살짝 어지러우시다며 익산 병원에 입원하시고 이틀 만에 99세에 평안히 운명하셨다. 정말 99.88.234 하신 것이다. 우리 내외 결혼 후 큰사위인 나를 깊은 정으로 아껴 주셔서 씨암탉도 몇 마리 해 주시고 반찬이 내 입맛에 딱 맞아 항상 밥그릇을 깨끗이 비우니 무척 좋아하셨다. 그리고 그 솜씨를 그대로 이어 받은 내 아내도 내가 반찬 탓 안 하고 밥 잘 먹는 것을 그렇게도 고마워하면서 50년을 지내왔다.

제6장

자랑스런 나의 조국 대한민국

1. 저주 받은 땅에서 선진국으로 이끄신 하나님

36년 일제강점기를 벗어난 지 불과 4-5년 만에 발발한 6.25 전쟁은 우리 조국 대한민국을 초토화하여 조금도 소망을 가질 수 없는 절대 빈곤의 수렁에 빠지게 만들었다. 등교한 학생이 월사금(납입금)을 못 내서 다시 집으로 쫓겨 가는 일이 다반사였고, 구멍이 숭숭 뚫린 마분지에 인쇄된 시험지를 받아들고 글씨가 안 보이는 혼란스런 학교생활을 이겨내야 했던 어린 시절이 지금도 눈앞에 생생한데 지금 시대 사람들에게는 상상할 수조차 없는 믿어지지 않는 옛이야기가 되었다.

1960년대 고등학교 시절에도 운동장에 전교생이 집합하여 소위 선진국이라며 필리핀 스카우트 국제대회에 참석하는 학우를 박수로 환송하며 부러워하던 일도 있었는데, 지금은 반대로 그 나라와 서로 비교도 할 수 없는 국격의 차이가 있는 나라가 되었다.

고등학교 시절 1960년대 초 어느 때는 선생님이 선진 미국의 이야기를 하시는데, 그 나라는 집집마다 자가용이 있어서 자가용을 타고 시장으로 마트로 장보기를 다니고, 어떤 집은 자가용이 2대가 있는 집도 있다는 말씀에 정말 그럴까 하고 부러움에 벌어진 입을 쉽게 다물지 못했던 기억도 있다.

온 국민이 배우는 것이 힘이고 능력을 갖춘 사람으로만 사회를 발전시킬 수 있다는, 사람에 대한 기대와 가치를 절감하여 교육입국에 온 정성을 다해서 우골탑이라는 조소를 받아가면서도 소 팔고 논 팔아가면서 자녀 교육에 매진하였다. 여기에는 인재양성에 소명의식을 가진 지역마다의 독지가들이 사립학교를 설립하여 배우고자 하는 국민의 향학열을 수용할 수 있는 바탕을 마련하는 데 큰 역할을 했다.

뿐만 아니라, 학원 선교의 사명을 자각한 전국 각지의 미션스쿨들이 건실하게 운영되어 명문학교로 자리 잡아가고 교육활동을 성실히 전개함으로써 선교와 교육의 선구적 역할을 감당했다. 세계적으로 유태인에 버금가는 한국인의 우수한 두뇌와 근면성은 우리 조국 대한민국을 경제적으로, 문화적으로, 그리고 특히 신앙적으로 반세기만의 기적적인 성장을 통해 세계사에 유례를 찾아볼 수 없는 기적의 발전상을 이룩해 놓았다.

　그야말로 초토화된 저주받은 땅에서 21세기 경제적으로는 물론 교육, 문화, 예술, 스포츠 등 모든 분야에서 선진 조국 대한민국으로 우뚝 서게 이끌어주신 하나님이 주신 큰 복을 누리게 된 것이다.
　많은 원인이 있겠지만 무엇보다도 영이 깨어 어두운 이 땅에 진리의 빛을 비추고 전하던 수많은 믿음의 선인들이 이룬 쾌거가 아니라 할 수 없다.

"그런즉 여호와께서 너를 그 지으신 모든 민족 위에 뛰어나게 하사 찬송과 명예와 영광을 삼으시고 그가 말씀하신 대로 너를 네 하나님 여호와의 성민이 되게 하시리라" – 신명기 26:19

2. 축복의 땅, 아름다운 산하!

　우리가 세계 여러 나라를 여행해 봐도 모두가 공감하고 감사하는 것은 우리나라 어느 곳을 가도 높고 푸른 하늘, 푸르른 산야, 넉넉하게 맑고 여유롭게 흐르는 하천, 그 조화로운 풍치하며... 어느 문인이 표현했듯이 방방곡곡 작품이 아닌 곳이 없다. 아름다운 산천을 선물하신 하나님께 감사, 찬양, 영광을 돌린다.

특히 우리 한강은 정말 기적을 이룬 축복의 강이라고 부를 만하다.

세계 각국의 주요 도시에 강이 끼어 있는 것은 거의 공통된 일이다. 런던의 템스 강, 파리의 센 강, 뉴욕의 허드슨 강, 베를린의 라인 강. 그러나 어디를 가봐도 우리 한강처럼 넉넉하고 여유롭게 맑은 강이 시내를 가로지르는 모습을 찾아보기는 어렵다.

아! 우리 조국 자랑스런 대한민국, 이스라엘 민족에게 가나안 땅을 허락하신 것처럼 5천 년 역사와 함께 이 땅을 우리에게 선물하시고 축복의 길로 이끌어주신 하나님께 감사와 영광을 돌린다.

민족의 영산 백두산(사진작가 조성현 장로의 2012년 8월 작품)

제7장

부록

I. 단기 선교 기행문

-남북 아메리카 단기 선교를 다녀와서(2011년 : 신황등 소식지 원고)

　지난 8월 14일 낮 예배에서 성도 여러분의 따뜻한 전송과 격려의 박수를 받고 기차로 상경, 인천공항에서 대한항공 밤 비행기로 일행 21명이 시드니에 도착(다음 날 아침)하여, 3시간 휴식한 후 호주 콴타스 국제선으로 갈아타고 다시 12시간 비행 후에 남미 아르헨티나의 수도 부에노

안데스산맥 인근의 깔라파테 빙하 지역 방문

스아이레스에 내렸다. 불과 백 년 전 세계 4대 강국에 속하던 이 나라가 정치 지도자들의 인기 영합적인 무리한 복지정책으로 오늘날 극히 어려운 경제난에 시달리는 모습을 보면서 우리 대한민국도 반면교사로 삼아야 할 것 같은 생각을 갖게 하였다.

다음날 4시간이 소요되는 국내선 여객기로 남극 인접지로서 세계 유일의 내륙 빙하지대인 칠레와 안데스산맥 접경지역 깔라파테 빙하를 방문해서 지구 온난화로 인해 빙하가 녹아내리는 자연 파괴 현장 모습도 직접 목격할 수 있었다.

부에노스아이레스로 돌아와 교민교회를 방문 격려하고 파라과이로 이동하여 우리 일행이 속한 선교 후원 단

파라과이에서 어린이 보육 시설 방문

체인 "기아대책" 소속의 김정권 선교사가 현지인 어린이를 위해 설립 운영하는 학교 상황과 원주민교회 선교 봉사활동에 진력하는 모습을 확인 격려하고 버스로 브라질로 이동하여 세계 최대의 수력발전소인 이타이프댐을 시찰한 후 그 유명한 이과수 폭포의 장관을 경험했던 감격은 이번 여행의 클라이막스라고 아니할 수 없다.

코파카바나 해변이 내려다보이는 언덕 위의 예수님 석상 앞에서

해외 파견 선교사들을 만날 때마다 느끼는 일이지만, 복음 선교의 소명을 실현하기 위해 평안한 삶을 포기하고 이역만리 타국에서 언어와 관습이 전혀 다른 생소한 곳에서 일생을 선교활동에 헌신하는 그분들의 삶을 접하면 역사하시는 주님의 은총을 감사하고 세계로 뻗어가는 한국의 선교 역량을 실감한다. 파라과이에서도 김정권 선교사님의 눈물겨운 헌신이 경이롭고 존경스럽다.

다시 브라질 국내선을 타고 리오데자네이로로 이동하여 높은 언덕 위의 거대한 예수님 동상 앞에서 세계 3대 미항의 하나인 코파카바나 해변을 내려다보는 감회를 맛보기도 했다.

워낙 넓은 나라여서 다시 국내선으로 4시간을 비행하여 2014년 월드컵이 열린다는 인구 4백만의 도시 마나우스로 이동해서 지구상의 허파라고 하는 아마존 밀림지대에 들어가 수상 호텔에 묵으면서 원주민 생활도 체험하고 악어사냥, 아나콘다(독 없는 큰 구렁이), 핑크 돌고래쇼도 참관할 수 있었다.

스페인 식민지였던 이 나라도 최근 선교사들의 활동으로 개신교세가 크게 확장되는 복음 선교의 활발한 역사가 우리 한국 선교사들의 큰 역할을 실감하게 했다.

그렇게 해서 세계 5대 도시의 하나인 브라질의 옛 수도 상파울로(인구 천만)로 돌아와 천주교 국가인 브라질이 개신교의 활발한 선교로 인구의 25%인 5천만의 기독교인으로 부흥 성장하고 있다는 소식도 듣고 페루의 리마를 거쳐 LA로 와서 일주일간의 미국 서부 투어에 들어갔다.

샌프란시스코, 요세미티, 라스베가스, 부라이스캐년, 자이언캐년, 그랜드캐년과 영화의 도시 할리우드 그리고 산타모니카 해변 관광을 끝으로 3주간의 여정을 마감하고 LA 공항에서 9월 1일 밤 12시 출발하여 11시간 비행

끝에 시차 관계로 하루를 건너뛰어 3일 새벽 4시 인천공항에 도착 귀국했다.

무엇보다 건강하게 우리 내외의 20여일간의 단기선교 여정을 인도해 주신 하나님께 그리고 기도해 주신 성도 여러분께 감사드리며 느낀 점 세 가지를 요약 정리해 본다.

첫째, 언제 어느 곳을 가나 그 아름답고 웅대한 하나님의 신비한 창조의 질서와 섭리에 감격 감사하지 않을 수 없다는 것이다.

둘째, 세계 방방곡곡에서 선교하고 봉사하면서 세계인들이 부러워하는 시선을 받아가며 자랑스럽게 살아가고 있는 우리 한국 교민들의 위대한 모습을 보면서 하나님의 축복과 섭리에 감사하고, 세계 복음 선교에 진력하는 우리 한국 선교사들의 헌신과 노고에 감사하면서 다시 한번 대한민국 국민으로서의 한없는 자긍심을 갖게 하였다.

셋째, 세계 어느 곳을 가봐도 우리 대한민국처럼 아름다운 산천과 살기 좋은 사계절, 맛있는 음식을 가진 곳이 없다는 것이다. 정말 감사한 일이다. 이 놀라운 축복을 누리고 있는 우리 민족은 항상 하나님께 감사와 찬양을 돌려야 할 것이다.

Ⅱ. 수필 1 – 隔世之感(격세지감)

1. 콩나물 교실

내가 여중학교에 부임한 이듬해인 1969년 2학년을 담임했는데, 우리 반 학생이 72명이었다. 지금으로는 상상할 수 없는 일이지만 그 당시의 각 급 학교 교실은 그야말로 콩나물교실 그 자체였다. 지금은 많아도 30여 명 심지어는 4-5명으로 한 학급이 편성 운영되는 걸 생각하면 그 좁은 교실에 학생이 꽉 들어찬 공간에서 아이들을 지도하는 데는 특별한 열정과 노력이 뒤따라야만 나름대로 아이들을 어느 정도 보살피며 학습지도에 임할 수 있었다.

학생들의 개별지도는 거의 불가능한 일이었고, 아이들 곁으로 다가가기도 어려울 정도로 꽉찬 콩나물교실이었다. 지금 우리 진경여중의 전교생이 채 70명이 안되는 상황인데, 그럼에도 우리 진경여중의 경우는 농촌학교로서는 도내에서 규모가 큰 학교에 속한다고 하니 참으로 격세지감을 느끼지 않을 수 없다.

이 상태로 이어진다면 머지않아 학교 공동화 현상이 눈앞에 닥칠 수밖에 없다. 다양한 정책적 배려와 노력이 없이는 이 난국을 극복하기 어렵다는 불안한 생각이 앞선다. 그래도 70명이 넘는 그때의 콩나물교실이 훈훈한 인간미가 있고, 왁자지껄한 그때가 지금의 형식적이고 삭막한 분위기의 교실보다는 훨씬 더 사람 사는 세상의 맛이 느껴졌던 시절이었다고 생각된다.

2. 시외전화하기

1970년대까지 우리 집 전화번호가 황등 18번이었다.
전화기 핸들을 돌려서 교환원을 통해 상대 번호를 말하여 교환원의 연결로 통화할 수 있는 자석식이었고 후에 공전식 다이얼식으로 발전했는데, 시외전화는 교환원에게 어느 지역의 몇 번과 통화하겠다고 신청하면 접수된 순서에 의해 교환원이 연결해 주는 대로 통화가 가능했다.

실제로 황등에서 이리로 전화를 하려면 우체국 교환에게 이리 ○○○번을 신청하고 교환원이 연결시켜 줄 때까지 기다려야 한다. 이리에 신청한 전화가 빠를 때는 몇 분 만에 연결되지만 어느 때는 20-30분이 지나도 연결이 되지 않는데, 그러면 교환원에게 재촉하게 되고 급한 마음에 짜증스런 표현이 반복되다 보면 교환원들과 다툼이 생기기 마련이다.

심한 경우 감정이 격해지면 우체국까지 쫓아가서 호통을 치고 마찰을 일으키는 경우도 없지 않았다. 사업 추진 과정의 긴급하고 중요한 일들이 전화 연결이 안되어 계획된 사업 추진에 차질이 오고 크게 손해가 발생하는 일도 생겨서 심한 마찰과 충돌이 불가피했다.

지금은 손에 든 스마트폰으로 전국 어디나 누구하고나 밤낮없이 통화가 가능하고 해외까지도 24시간 직접 연결되어 영상 통화로까지 소통할 수 있으니 격세지감이 아닐 수 없다.

3. 기차 통학

1950~60년대부터 이리는 대전선(논산, 대전 방면), 정읍선(김제, 정읍 방면), 전라선(삼례, 전주 방면), 군산선(대야, 군산 방면)이 교차하는 교통의 요충지였고, 전통 명문 이리농림, 이리공고와 신흥 명문 남성고, 이리여고 등이 자리 잡은 교육 도시였다. 특히 중고등학생들이 사방에서 아침저녁으로 등하교하느라 당시 유일한 교통수단일 수밖에 없었던 기차로 오가는 번화한 통학로의 교차점이 되어 혼잡하

기가 이를 데 없는 교통중심지였다.

까만 교복을 차려입은 남녀 중·고등학생들이 새까맣게 역 개찰구를 오고가는 모습은 지금은 상상하기 힘든 구름 떼 같은 군중의 이동 모습이 매일 조석으로 연출되었다. 우르르 몰려나온 통학생들은 모두 다 걸어서 자기 학교로 등교하는데 하나같이 도보로 이동하므로 등하교 시간은 도로가 새까만 군상으로 꽉 메워지는 지금 생각하면 장관을 이루었다고 표현해야 할 것 같다.

그렇게 힘찬 발걸음으로 학교를 향해 가는 그들이 조금 전 타고 와서 내린 기차는 그렇게 편하고 멋진 통학 열차만은 아니었다. 연착하지 않고 제시간에 도착해 줘야 학교 일과도 차질 없이 진행될 수 있었다.

가끔씩 대전, 정읍, 전라, 군산선 중에 어느 한 곳의 열차라도 늦으면 어떤 때는 30분, 한 시간씩 연착되어 학교 일과 진행이 그에 맞춰 미뤄질 때도 종종 있었다. 뿐만 아니라 제대로 도착했어도 내 경험으로만 봐도 황등역에서 기차를 타는데 매일 시간을 맞춰 황등역에 나오는 것이 전쟁을 방불케 한다.

아침 시간은 왜 그리 분주한지!
식사도 급히 하고 대전 방면 저 멀리 함열 쪽에서 기차가 오는 기적소리가 울리면 그제야 책가방을 옆에 끼고 뛰기 시작한다.

"뛰~!" 하고 울리는 증기 기관차의 경적은 항상 똑같이 그 시간 그쪽에서 나는데 한결같이 매일 늦어서 거의 모든 학생들이 역을 향해서 달려가는 발소리가 콩 튀듯이 황등 시가지 도로를 꽉 메우고 퉁탕거리며 황등역을 향해 달린다. 학생들이 한참 달려오고 있는 것을 보는 차장은 파란 깃발을 손에 들고 한 사람이라도 더 타게 하려고 기다리다가 대충 탔다고 보이면 깃발을 흔들어 출발 신호를 한다. 꽉 들어찬 만원 열차에 늦게 탄 경우는 팔을 늘어뜨려 차에 매달려서 위험을 느끼면서 이리 역까지 가는 경우도 흔한 모습이었다.

이렇게 숨차고 위험한 통학차를 타고 매일 등하교를 반복하던 5-6년의 기차 통학은 지금 생각하면 낭만적인 면도 없지 않지만, 힘겹고 고통스러운 나날이었다. 등하교 시간에 맞춰 운행되던 각 방면의 통학 열차는 우리 중·고등학교 시절 더없는 친근감도 갖게 하는 친구 같은 정을 느끼게 한다.

토요일에는 일찍 하교하고 나면 기차시간이 3-4시간 남게 되므로 임시열차를 기다려보지만 쉽지 않고, 황등까지 1시간여를 걸어 귀가하는 일도 흔했다.

1970년대까지도 마이크로버스라 하여 봉고 승합차 수준의 차량에 가장자리만 의자가 있고 승객을 허리를 굽히고 차곡차곡 밀어 넣듯이 승차시켜 무려 수십 명을 차장이 꽉꽉 메워 태우는 차량으로 통근 통학을 하면서 그것도 못 타서 아우성치던 시절을 생각하면 요즘의 시내버스 통학은 너무 한가롭고 편리해서 전혀 고통과 불편을 모르는 지금의 학생들 등하굣길은 격세지감이 아닐 수 없다.

4. 인구정책

어릴 적 농촌 생활할 때의 기억을 돌아보면 동네 어머니들이 이웃집 일을 해주고는 저녁에 집에 뛰어가서 아이들 한둘을 데리고 와서는 밥을 먹이는 장면을 흔히 볼 수 있을 만큼 식구들 끼니 챙기는 것이 큰일이고 식구 하나하나가 삶의 짐으로 느껴지는 그런 시절을 겪었다.

이에 국가는 경제난 극복을 위해 정책적으로 인구 억제책을 쓰지 않을 수 없었다. 1970년대까지 "둘만 낳아 잘 기르자", 또 "딸아들 구별 말고 하나만 낳아 잘 기르자", 심지어는 "똑똑한 딸 하나 열 아들 안 부럽다"고 까지 홍보 설득하면서 인구 억제책을 썼다. 그러나 이제는 인구 격감의 위기감으로 각종 출산 장려 정책을 써서 인구 증가를 위해 총력을 기울이고 있다.

주거 정책이 혼선을 빚고 교육 정책의 혼란으로 교육비 부담을 과중하게 느껴 결혼과 출산을 부담스럽게 여기고 꺼려하는 젊은이들이 많아지고 있어 인구정책 혼란으로 인한 사회 불안정을 느끼며 격세지감을 갖게 한다.

II. 수필 2 - 희수에 찾아온 친구들

70대 노년이 되고 77세 희수를 맞게 되니… 100세 시대의 사회적 분위기로 보면 아직도 한창때라고 하는 분들도 많지만, 체력에서부터 모든 면이 약화하고 노화현상이 뚜렷하게 더해짐을 느끼게 된다.

이에 원하는 바는 아니지만 찾아오는 이런 현상을 고통과 부담이요 짜증으로만 생각하기보다, 이 또한 노년기에도 나와 함께 하시는 주님, 약한 데서 강하게 하시는 우리 주님의 또 다른 뜻이 있으시지 않을까 새겨 보게 된다. 굽어진 허리, 흐려지는 시야, 약해진 청력, 식어진 정열 등을 인생 말년에 찾아온 친구로 맞아 동행하면서 은혜롭게 삶을 정리하는 마음가짐이 되어야 하지 않을까 생각한다.

1. 굽어진 허리

요즘 들어 너무 심하게 허리가 굽어졌다고 아내부터 자녀들까지 걱정 반 핀잔 반, 허리 좀 펴고 다니라고 하는 말을 자주 듣고 있다. 이번 희수 기념 수상집을 구상하면서부터 더 채근이 잦아진다. 운동 부족이요, 스스로 몸 관리 소홀이라고 자책하면서도 한편으로는 이 또한 우리 주님의 또 다른 뜻이 있지 않을까 생각해본다.

내 성격이 급한 편이고 젊어서부터 일을 많이 맡다 보니까 늘 급하게 서둘러 일처리를 하고 다니고, 젊은 사람이 모임에 늦거나 뒤처지지 않으려고 서둘다 보니까 몸보다 마음이 먼저 가고 허리를 굽혀 급한 걸음으로 많이 걸었던 것 같은 생각이 들기도 한다.

희수를 맞아 이제 지난날을 정리해 보면서 굽어진 허리를 기억하고 서두르지 말고 웬만한 일은 주변에 맡기고 천천히 조심스럽게 여생을 여유롭게 살피라고 하는 뜻이 있으신 것 같다.

그리고 많은 일을 했고 때로 높임도 받고 보람도 맛보았으니, 이제는 숙이고 낮추어 겸허한 자세로 여생을 더욱 배려하며 살라시는 주님의 뜻이 있으신 듯하다.

2. 흐려지는 시야

내 연령층의 다른 분들에 비하면 시력이 그리 나쁜 편은 아닌 듯하다.

낮은 도수의 돋보기안경이면 신문이나 웬만한 책을 읽는 데 별 불편은 안 느끼니까 말이다. 얼마 전 경기도 일산에서 안과병원을 하는 사위에게 백내장 치료를 받은 아내가 재검을 하러 가는 길에 동행했는데, 내 눈도 점검해

보자고 하더니 녹내장 초기 증세가 있다고 깜짝 놀라면서 약을 잔뜩 주어서 조석으로 정성을 들여 투약하고 있다. 그래도 돋보기 안 쓰던 청장년기의 시력보다는 훨씬 약해서 점점 시야가 흐려지는 것이 사실이다. 이 또한 이제 나이 들었으니 크고 중요한 것만 보고 결정하면 되지 사소한 것은 이해하고 때로 못본체 하면서 여유롭고 덕스러운 모습으로 여생을 살아가라고 하는 뜻이 있으신 듯하다.

3. 약해진 청력

어릴 적 어르신들께서 귀가 안 들린다는 말씀이 잘 이해가 안 되었는데, 얼마 전부터 이제 내가 대화에 어려움을 겪게 되고 가정에서 가족들과 소통에 문제가 생겨 대화중에 되묻는 일이 잦아지니까 짜증스럽고 부담스러워하는 반응을 보이게 되어 보청기 신세를 질 수밖에 없게 되었다.

꼭 들어야 하고 알고 처리해야 할 책임 있고 비중 있는 일에만 집중하고 관심하여 알아듣고 처리하면 되고, 웬만한 일은 아는 듯 모르는 듯 못 들은 체 넘기면서 여유로운 마음으로 은근하게 시간을 가꾸어야 하겠다. 다행스럽게도 출석하는 우리 신황등교회 장봉 목사님의 목소리가 맑고 선명해서 설교 말씀이 주일예배는 물론 매일의 새벽 기도회에서도 또렷하고 은혜롭게 잘 들을 수 있어 감사하다.

4. 식어지는 열정

30대에 기관장이 되고 장로로 장립을 한 후, 학교 일은 물론 각 분야의 사회활동까지 활발히 참여하던 50대 후반까지 30여 년간의 열정적으로 활동하던 시기를 생각하면 이제는 새로운 일이나 사업을 구상하고 추진하려고 하면 부담스럽고 조심스러워지면서 신중히 처리하지 않을 수 없다.

의욕이 넘쳐서 만기친람으로 인한 부작용이 없지 않을 정도로 강한 추진력과 열정을 보였던 시기를 돌이켜보면서 때로 무모하기까지 했던 과욕이 있었음을 인정하게 된다. 이제는 따라오는 후배들에게 길을 열어주며 격려하고 배려하여 그들이 한껏 자신의 역량을 발휘할 수 있도록 후원하고 이끌어주는 것이 노년의 삶을 의미 있고 뜻 깊게 가꾸는 일이라고 여겨진다.

III. 설교 칼럼

설교 칼럼 1

"목표를 향하여 한 길로"
(신년 중고 합동 교직원 예배 중에서)

"종말로 나의 형제들아 주 안에서 기뻐하라 너희에게 같은 말을 쓰는 것이 내게는 수고로움이 없고 너희에게는 안전하니라 개들을 삼가고 행악하는 자들을 삼가고 손할례당을 삼가라 하나님의 성령으로 봉사하며 그리스도 예수로 자랑하고 육체를 신뢰하지 아니하는 우리가 곧 할례당이라 그러나 나도 육체를 신뢰할만하니 만일 누구든지 다른이가 육체를 신뢰할 것이 있는 줄로 생각하면 나는 더욱 그러하리니 내가 팔일만에 할례를 받고 이스라엘의 족속이요 베냐민의 지파요 히브리인 중의 히브리인이요 율법으로는 바리새인이요 열심으로는 교회를 핍박하고 율법의 의로는 흠이 없는 자로라 그러나 무엇이든지 내게 유익하던 것을 내가 그리스도를 위하여 다 해로 여길뿐더러 또한 모든 것을 해로 여김은 내 주 그리스도 예수를 아는 지식이 가장 고상함을 인함이라 내가 그를 위하여 모든 것을 잃어버리고 배설물로 여김은 그리스도를 얻고 그 안에서 발견되려 함이니 내가 가진 의는 율법에서 난 것이 아니요 오직 그리스도를 믿음으로 말미암은 것이니 곧 믿음으로 하나님께로서 난 의라 내가 그리스도와 그 부활의 권능과 그 고난에 참예함을 알려하여 그의 죽으심을 본받아 어찌하든지 죽은 자 가운데서 부활에 이르려 하노니 내가 이미 얻었다 함도 아니요 온전히 이루었다 함도 아니라 오직 내가 그리스도 예수께 잡힌바 된 그것을 잡으려고 좇아가노라 형제들아 나는 아직 내가 잡은 줄로 여기지 아니하고 오직 한 일 즉 뒤에 있는 것은 잊어버리고 앞에 있는 것을 잡으려고 푯대를 향하여 그리스도 예수 안에서 하나님이 위에서 부르신 부름의 상을 위하여 좇아가노라 그러므로 누구든지 우리 온전히 이룬 자들은 이렇게 생각할찌니 만일 무슨 일에 너희가 달리 생각하면 하나님이 이것도 너희에게 나타내시리라 오직 우리가 어디까지 이르렀든지 그대로 행할 것이라" – 빌립보서 3장 1–16절

하나님께서 우리에게 새롭게 잉태시켜주신 새날이 밝았습니다.

지난 한 해 사랑의 품에 우리를 지켜주신 주님께 감사하며, 불리한 여건에서도 우리에게 맡겨주신 진경의 딸들을 곱고 바르게 기르고자 최선을 다해주신 동역자 여러분의 노고에 깊은 감사를 드립니다.

주님께서 우리에게 잉태시켜주신 한 해가 시작되었습니다.

풍성한 결실로 흐뭇해하던 가을이 지나고 삭막하고 고요가 드리운, 때로는 죽음으로 상징하는 추위에 움츠러든 이 겨울에 새로운 한 해가 시작되고 잉태된다고 하는 것은 퍽 의미 있는 일입니다.

일 년 내내 더위만 지속되는 적도 지방이나 천 년을 줄곧 얼어 붙어있는 양극 지방은 물론 예외이겠지만, 4계절

이 구분된 지역이라면 이 겨울에 새해의 문이 열립니다.

봄이라면 너무 들뜬 기분으로 한 해가 시작될까 싶고, 여름은 짜증스러운 무더위로 1년의 시작으로는 부적당하며 가을에 새해가 시작된다면 눈앞에 쌓인 수확으로 소비 중심의 생활 설계가 되기 쉬울 것이니 차분한 마음으로 과거를 정리하고 냉철한 계획을 세워 한 해를 시작하기로는 역시 이 겨울이 가장 좋은 시기인 듯합니다.

새해를 맞으면서 우리 학원의 발자취를 회고해 보면, 진경학원 우리 중·고등학교가 설립된 후, 그간 온갖 수난과 역경을 겪어왔고 때로는 성장의 기쁨과 가슴 벅찬 성취의 감격을 맛보아온 4반세기 25년여의 긴 역사가 흘러왔음을 새삼 실감케 하는 새로운 감회에 젖습니다.

짧게는 지난 수년간의 고통이 때로 좌절해버릴 것 같은 아픈 순간도 없지 않았지만, 그것은 일순간의 인간적 감상일 뿐, 우리 하나님께서 강하게 붙드시는 그 능력의 팔에 이끌려 우리가 오늘의 이 자리에 서 있는 것입니다.

"여호와가 너를 항상 인도하여 메마른 곳에서도 네 영혼을 만족하게 하며 네 뼈를 견고하게 하리니 너는 물 댄 동산 같겠고 물이 끊어지지 아니하는 샘 같을 것이라" - 이사야 58:11

나는 지난 25년여를 대강 다섯 단계로 구분해 보았습니다.

제1단계는 정식 학교법인 인가를 받지 않은 고등공민학교 수준의 1964년까지의 시기로 이를 학교 태동을 위한 배태기라 말할 수 있으며, 이 과정에서 몇몇 신황등교회 교우들과 독지가들의 헌신적 노고가 컸음을 우리는 기억합니다.

그중 많은 분들이 후에 정신적, 물질적으로 자신들의 공로와 분깃을 파기하거나 되돌려 감으로써 가슴 아픈 일들도 많았음을 유감스럽게 생각하지 않을 수 없습니다. 그러나 설사 그렇다 할지라도 그분들을 포함한 초창기 많은 분의 노고와 공적을 나는 우리 진경의 역사와 더불어 오래 간직하고 감사의 뜻을 새겨야 한다고 믿고 있습니다.

상호간의 견해차와 인간관계의 마찰이나 경제력의 한계 때문에 오늘까지 이 자리에 같이 머물러 있지 못하다 할지라도 복음 선교의 신앙적 정열과 농촌 여성교육에 대한 공통의 선량한 뜻만은 높이 평가해야하기 때문입니다. 아울러 그런 귀한 뜻을 결코 포기할 수 없어 홀로 막대한 부채를 짊어지고 헌신적 투자를 아끼지 않으신 돌아가신 두 이사장님께 대하여 부모님이라고 하는 혈육의 정을 떠나서 그 공적을 깊이 새기며 경의를 표하는 것입니다.

제2단계는 1965년부터 1971년도까지로 중학교 단설 운영 기간으로서 학교 기틀을 만들어가는 유년기에 속하는 기간입니다. 소수의 학생에다 공납금 거출은 법정 액수의 반액도 받지 못하는 어려운 재정 형편 때문에 당시 재직 교직원들은 학교 자체적으로 결정한 박봉의 보수 체계에 의해 봉사했었습니다. 물론 당시 전반적으로 사회 각계각층의 가계 수입이나 보수체계가 거의 마찬가지였다고는 하나, 그 희생적 봉사가 밑거름이 되어 오늘의 학교 기틀이 마련되었음을 또한 감사하지 않을 수 없습니다.

제3단계는 1971년부터 1976년 초에 이르는 5년여의 과도기로서, 현 중학교 캠퍼스에서의 중고 병설 시기입니다. 그 비좁은 교정에서 비록 1개 학년에 1-2학급의 소수였지만, 당시의 고등학생들이 어린 중학생의 틈바구니에서 자신들의 응어리진 욕망을 억제해야만 하는 초창기 졸업생들의 희생의 시기였습니다.

좋은 학교로 성장시켜보겠다는 정열로 우수 학생을 장학생으로 유치하였고, 그래서 1, 2, 3회 졸업생들이 비록 소수일지라도 우리 진경을 대표할 만한 엘리트급의 수준이었음을 기억하며 그들의 값진 희생이 전혀 헛되지 않았음을 정말 감사하게 생각합니다.

제4단계는 1976년 3월부터 1982년 초까지의 6년여 기간으로, 나는 이때를 성장기라고 표현하고 싶습니다.

중고등학교가 분리되어 획기적인 발전의 전기를 마련하고 설립자와 교직원, 학생이 혼연일체가 되어 우리 나름대로의 성장의 기쁨을 만끽할 수 있었던 시기가 아닌가 싶습니다.

앞서 언급한 제1단계인 배태기에서의 설립자의 헌신과 제2단계 유년기의 교직원의 봉사와 제3단계 과도기 졸업생들의 희생이 밑거름이 되어 제4단계였던 지난 76년에서 82년까지의 성장기의 풍성한 수확을 맛볼 수가 있었을 것입니다.

제5단계는 그와 같은 성장의 기쁨을 나누던 82년 중반부터 지난 수년간 우리로서는 한때의 시련의 과정을 겪어야만 했습니다. 구석에 감추어져 있던 감정의 불씨가 의도적인 자극을 받아 문제가 야기되고 대내외적으로 학교 발전의 장애를 가져오기도 했습니다. 지난해까지의 그와 같은 시련은 새로운 성숙기에 접어들기 위해 진통을 겪은 제5단계로서의 정돈의 시기였다고 믿고 싶습니다.

이와 같은 **다섯 단계의 발전과정을 지나** 이제 우리는 새롭게 잉태된 새아침, 안정을 통해 성숙기에 들어서는 문턱에 서 있음을 나는 확신합니다.

지금 **제6단계로서의 새로운 성숙기**에 들어서면서 옷깃을 여미고 마음을 새롭게 하여 우리가 나아갈 길을 다시 한 번 정리해 보아야 하겠습니다.

성숙한 기독교인은 믿음으로 시련을 극복합니다.

지난날 우리에게 주신 시련을 믿음으로 극복함으로써 주님은 과거를 잊고 새길을 가도록 밝혀주십니다. 하나님께서는 우리에게 잊어버리는 망각의 은사를 주셨습니다.

본문에 사도 바울도 "내 뒤에 있는 것을 잊고 앞에 있는 것만 바라보면서 목표를 향하여 달려갈 뿐이라"고 말했습니다.

과거를 잊어버리는 신앙의 결단이 필요할 때도 있을 것입니다.

슬프고 괴로운 일이건 기쁘고 자랑스런 일이건 지난 일은 잊어버립시다.

어제의 부끄러운 일들은 우리를 위축되게 하며 그래서 매사에 의욕을 상실하게 하고, 반면에 자랑과 기쁨의 일들은 우리를 교만하게 하여 발전의 장애가 되기도 합니다.

뒤에 있는 것은 잊어버리고 앞에 있는 것만 바라보면서

목표를 향해 달려가야 하겠습니다.

그러면 그 목표는 무엇입니까?

지위, 명예, 재산의 축적, 건강, 인간적인 사랑… 어떤 것이 우리의 목표입니까?

사도 바울은 본문에서 자신의 목표를 분명하게 제시하고 있습니다.

그리고 믿음이 성숙한 사람은 모두 그와 같은 마음가짐으로 살아가야 한다고 권면하고 있습니다.

본문 맨 앞 구절 3장 10절을 봅시다.

거기서 그는 "내가 바라는 것은 그리스도를 알고, 그리스도의 부활의 능력을 깨닫고, 그리스도와 고난을 같이 나누고, 그리스도와 같이 죽는 것입니다"라고 명확히 밝히고 있습니다. 그리고 마침내 죽은 자 가운데서 다시 살아나기를 바란다고 말합니다.

우리의 궁극적인 목표는 예수 그리스도입니다.

일시적인 명예나 재산이나 지위나 건강이 우리의 궁극의 목표일 수가 없습니다. 예수 그리스도를 알아 인생의 참 의미를 깨닫고, 그리스도의 고난에 동참하여 성숙된 그리스도인이 되며 그리스도와 같이 죽음으로 영원히 사는 부활의 축복에 참여하는 것입니다.

고난과 죽음을 두려워하지 않고, 오히려 고난을 같이 나누고 동참하는, 그래서 죽음으로써 영원히 사는 값진 생의 목표를 가지고 살아가는 우리가 되어야 하겠습니다. 예수 그리스도 안에서 그 강한 팔에 붙들리어 고난도 두렵지 않고 고난 가운데서도 하나님의 크신 경륜과 뜻을 헤아리며 믿음으로 이를 극복하고 승리하는 삶을 누릴 수 있어야 합니다. 그런 승리하는 삶의 모습을 우리 사랑하는 진경의 딸들에게 보여주는 자신감 넘치는 스승이 되어야 하겠습니다.

높이 누리고 많이 가졌어도 교만스럽지 않고, 낮은 자리에서 적게 소유하고도 비굴함이 없는, 오직 예수 그리스도와 함께하는 기쁨과 감격의 삶을 살아가는 모습만이 비치는 그런 스승이어야 하겠습니다.

『지식을 팔아 그 삯으로 양식을 사고 옷을 지어 입으며 어쩔 수 없이 입으로만 따라 부르는 찬송 소리가 어색하기만 한 그런 초라한 모습이 아니라, 나는 너희들의 영혼을 책임지고 저 높은 곳, 영원한 나라에 인도하기 위해 오늘도 이 단 위에 서 있노라고 말하는 듯 번득이는 눈빛으로 저들을 응시하는 신념과 신앙에 서린 그런 자랑스러운 모습이어야 하겠습니다.』

우리 가운데 아직 마음속으로 떳떳하게 그리스도를 받

아들이지 못하는 사람도 있을 것입니다.

　본문 15절을 봅시다.
　"믿음이 성숙한 사람들은 모두 이와 같은 마음가짐으로 살아가야 합니다. 만일 여러분이 어떤 문제에 관하여 다른 생각을 품었더라도 하나님께서는 그것까지도 분명히 가르쳐 주실 것입니다"라고 말하고 있습니다.
　믿음이 성숙한 사람은 내가 말한 것을 쉽게 받아들일 수 있을 것입니다. 그러나 그렇지 못한 사람들도 본문 말씀과 같이 만일 다른 생각을 품었다 하더라도 하나님께서는 그것까지도 분명히 깨우쳐 바로잡아 주실 것을 믿기 바랍니다.

　하나님은 우주 만물을 지으시고 인류의 역사를 주관하시며 우리 각 사람의 처지까지도 깊이 살피시는 분임을 믿어야 합니다. 적어도 나는 나의 삶의 가까이에서 아니 그간의 우리 학교의 내가 관계한 지나온 모든 사건 마다에서 친히 관여하시고 자신의 뜻에 따라 모든 일을 운영하시는 그 하나님의 손길을 너무 확실하게 경험해 오고 있습니다.
　하나님께서는 우리의 중심을 아십니다.
　부끄럽지 않은 양심으로 하나님의 뜻에 합치하게 방향을 정하고 믿고 나아갈 때, 하나님께서는 결단코 우리를

버리지 않는다고 나는 확신합니다.

미국의 남북전쟁 당시 에이브러햄 링컨의 참모 한 사람이 대통령에게 말했습니다.

"각하, 이 전쟁에서 하나님이 우리의 편에 서 계시기만 하면 얼마나 좋겠습니까?"

노예 해방을 위한 이 내전에서 기독교인 간의 싸움이니 하나님께서 어느 편일까 하는 것은 그들의 중요한 관심사가 아닐 수 없었을 것입니다. 그때 링컨은 말하기를 "하나님께서 우리의 편에 서 있느냐가 문제가 아니라 우리가 하나님의 편에 서 있느냐가 문제입니다"라고 대답했습니다.

모든 일에 있어 무조건 하나님께서 우리의 입장을 도와주시기를 바라는 것이 아니라, 우리의 생각과 뜻을 올바른 양심과 진실한 신앙에 기초한 하나님 편에 둘 때 결코 하나님은 우리를 외면하시지 않을 것입니다.

사건과 상황을 인간적으로 볼 때는 관점과 이해관계에 따라 여러 모양으로 해석될 수 있겠지만, 하나님 앞에서는 위선과 거짓이 용납될 수 없는 것입니다.

하나님은 만홀히 여김을 받지 아니하신다고 말씀하셨습니다.

전지전능의 우리 하나님 앞에서 거짓과 위선으로 얼굴을 가리고 하나님의 이름을 도용하거나 더럽히는 행위가 있다면 이는 용납되지 않을 것이니 두려운 마음과 경외하는 심정으로 우리 하나님의 용서를 구해야 할 것입니다.

신앙 안에서 살아가는 우리에게 삶의 여정에서 때로 욥과 같은 고통과 인간적 비난이 따른다고 하더라도 궁극적 승리를 쟁취하게 하시는 하나님의 경륜을 믿는 확고한 믿음이 우리에게 있어야 합니다. 그래서 그 확신에 따라서 행동하고 고난 속에서도 주님을 찬양하며 그 고통이 주는 의미를 깊이 새길 수 있는 성숙한 믿음의 소유자가 되어야 하겠습니다.

그 중심에 그리스도를 알고, 그리스도와 고난을 같이 나누며, 그리스도와 같이 죽겠다고 하는 선한 목표를 세운 자에게 우리 하나님께서는 복되고 선한 길을 열어주실 것입니다.

그러기에 나는 우리의 중심을 아시는 하나님께서 이 선한 목표를 가지고 있는 우리 진경의 동산을 통해서 하나님의 뜻을 성취시키리라고 확신합니다. 우리 모두가 이 선한 목표를 향하여 한 길로 나아갈 때, 우리 좋으신 하나님은 결코 우리를 외면하지 않으실 것입니다.

지난 수년간의 고통을 극복하고 성숙기의 문턱에 서 있는 우리에게 새로운 한 해를 잉태케 하신 우리 하나님께서 복된 길로 우리를 인도해 주실 것입니다.

우리는 오늘 이 자리에서 새해의 길을 떠나려 하고 있습니다.

어떤 길일까요?

목적지는 어디일까요?

길을 출발하려는 우리가 길의 방향과 목적지를 모른다면 어떻게 되겠습니까. 그 길이 비록 험하고 힘겨울지라도 목적지를 알고 얼마쯤 어떤 방법으로 가게 되면 목적지에 이를 수 있음을 확신한다면 그 목적지에서 얻을 기쁨과 보람으로 기꺼이 어려움을 참으며 그 길을 갈 수 있을 것입니다.

그러나 길은 평탄하고 넓을지라도 가야 할 목적지를 알지 못하고 얼마쯤 어디로 가야 목적지에 이르는지를 모르는 가운데 그저 가자는 대로 인도자를 따라가야 하고 언젠가는 목적지에 이를 것이라고 하는 막연한 말만 듣고 길을 가야 한다면 얼마나 지루하고 짜증스러운 일이겠습니까?

본문 16절을 봅시다.

"어쨌든 우리가 이미 이룬 것을 바탕으로 하여 다같이 앞으로 나아갑시다"라고 말하고 있습니다.

우리도 그간의 걸어온 바탕이 있습니다. 지금까지 하나

님께서 이끌어오신 바로 그 길입니다. 그 길을 바탕으로 공동의 목표를 향하여 한 길로 나아가는 우리 모든 진경의 동역자가 되기를 바랍니다.

그 길은 성숙한 그리스도인들이 걸어가는 축복의 길입니다.

화려하지 않을지라도 결코 비굴하지 않는, 내놓고 자랑하지 못할지라도 우리 하나님께서 인정하신다는 기쁨으로, 피곤을 모르고 전진하는 영광의 길입니다. 우리 모두 한 목표, 그리스도를 알고, 그리스도와 고난을 같이 나누고, 그와 같이 죽고, 그래서 마침내 그리스도와 함께 다시 사는 부활을 소망하는 이 길에 우리 하나님의 축복이 함께하실 것입니다.

이 공동의 목표를 향해서 한 길로 나아갑시다.

설교 칼럼 2

"말씀의 능력"
(가정의 달에 진경여자중고등학교 교직원 예배 중에서)

"이 율법책을 네 입에서 떠나지 말게 하며 주야로 그것을 묵상하여 그 가운데 기록한대로 다 지켜 행하라 그리하면 네 길이 평탄하게 될 것이라 네가 형통하리라" – 여호수아 1장 8절

근대 민주주의의 표본이 되고, 정치·문화적으로 최상의 선진국 중 하나인 영국이라는 나라가 16세기 이전까지는 조그만 섬나라로 자체 식량 조달조차 힘겨웠던 국가였습니다.

그런 처지에서 한때는 세계 최강의 국가를 이루었던 오늘의 영국이 되기까지는 3명의 탁월한 여성 지도자의 공로가 컸습니다.

16세기 영국을 통치하던 엘리자베스 1세와 19세기 소위 해가 지지 않는 나라 영국을 이끌었던 빅토리아 여왕, 그리고 20세기 후반 들어 영국병으로 시들어가던 나라를 다시 일으킨 마가렛 대처 수상입니다.

그런데 해가 지지 않는 나라 영국을 건설한 그 빅토리아 여왕이 영국의 전성기를 이끌던 시절에 영국을 방문한

어느 국가원수가 여왕에게 질문을 했습니다.

"지난날의 쇠약했던 섬나라 영국이 지금에 와서 세계 최강국이 된 비결이 무엇입니까?"

빅토리아 여왕의 대답입니다.

"글쎄요. 영국 국민들이 성경을 사랑하고 성경 읽기를 즐겨하면서 나라가 부강하게 되었지요."

그렇습니다.

성경은, 하나님의 말씀은 우리 인간의 영혼 구원에만 머물게 하는 책이 아닙니다. 물론 영혼 구원이 기본임은 물론이지만 거기서 한 걸음 더 나아가서 나라를 부강하게 하고 올바른 지도력을 세워주는 교과서가 되는 책입니다. 그리고 국민들로 하여금 건강한 가치관을 지니게 해주는, 성경은 그런 책이기도 합니다.

그래서 빅토리아 여왕이 증언한 것처럼 영국 백성들이 성경을 사랑하고 성경 읽기를 즐겨함으로써 부강한 나라가 이루어졌음은 역사적 교훈이요 축복의 증거가 되는 것입니다. 역사적으로 성서를 믿고 기독교 국가를 이루어 온 서구 사회가 선진화되고 국민 의식이 바로서는 신진국가가 되었음을 우리는 역사를 통해서 명확히 확인할 수 있습니다.

우리 대한민국도 5천 년 역사에서 오랜 기간 토속 종교와 불교·유교 문화가 지배하던 수천 년간 빈곤과 후진성을 면치 못하던 중에 200여 년 전 하나님의 말씀이 이 땅에 전해지면서부터 백성의 눈과 귀가 열리고, 교육·의료와 사상적 선진화가 이루어지고 주권재민의 민주 의식이 뿌리내리어 민주주의와 자본주의가 정착되면서 사회·경제적 발전을 통하여 국가발전의 전기가 마련되었습니다.

하나님의 말씀이 우리 한민족의 역사와 의식의 깨우침과 새로운 활력을 불러일으켰고 세계 선진문화를 받아들여 만민평등의 새 질서를 이 땅에 뿌리 내리게 한 것입니다. 물론 본질에서는 사망과 심판을 면치 못할 죄악 된 인간인 우리에게 예수 그리스도의 십자가를 통해서 영원한 세계의 생명을 보장받는 구원과 영생의 축복이 하나님의 말씀 안에서 주어지는 것은 말할 것도 없습니다.

그러나 그런 내세에 대한 순수한 신앙적 은총뿐만 아니라, 오늘의 우리가 살아가는 현실 세계에서도 성서가 우리에게 가르치는 합리적 사고와 양심적 생활을 통해 복되고 보다 잘 되는 하늘의 축복을 소유할 수 있음을 하나님 말씀이, 그리고 세계의 역사가 우리에게 입증해 주는 것입니다.

우리가 영국의 역사에서 교훈을 얻을 수 있는 것은 19세기 빅토리아 여왕의 치세 전성기에 신앙적·정신적으로 바른 모습을 보이며 절제와 조화를 이루던 중산층이 든든하게 받쳐주면서 부흥 발전하던 영국이 20세기 중반들어 사회 전반의 경제가 침체되고 노동자들이 게으르고 비능률적인 해이한 모습을 보이면서 집단 이기주의적인 노동운동의 후유증으로 인해 물가 상승과 실업자 증가 등의 경제 악화 현상을 일으키고 급기야 세계의 기자들이 이를 영국병으로 진단하기에 이르렀습니다.

 복지 국가인 영국이 도덕적으로 해이되고 타락하면서 기득권에 안주하려는 노동조합과 피로와 권태에 빠진 경영자들의 방관과 무관심까지 겹쳐 극도의 위기 상황에서 영국병이 깊어진 것입니다.
 이런 국가적 위기에서 대처 수상이라고 하는 걸출한 여성 지도자의 탁월한 지도력이 발휘되어 영국의 위기가 극복되었습니다. 보수주의자인 대처는 노동조합 활동을 제한하고 공기업을 민영화하면서 실업자가 속출하는 가운데서도 긴축 재정을 강행하여 인플레를 극복함으로써 70-80년대 영국의 정치·경제의 안정을 이룩해서 나라를 위기에서 구해낼 수 있었습니다.

 그런 과정에서 신앙적·정신적으로 국민들의 지성을 일깨운 것이 정책 성공의 기반이 되었다고 볼 수 있습니다. 다시 말해서 어느 국가 사회가 하나님 말씀과 신앙 안에서 절제와 조화를 이룰 수 있을 때, 안정과 발전 그리고 번영도 이룩할 수 있음을 확인할 수 있는 것입니다.

우리 민족이 5천 년의 빈곤과 고통을 극복하고 민주 번영을 이룩할 수 있었음이 우리 성서의 가르침과 기독교 문화의 영향임을 부인할 수 없습니다. 철저한 성서적 가르침 안에서 생활하는 유태인들이 경제·정치·문화 등 인류 역사의 각 분야에서 크게 공헌하고 기여하며 선도적 역할을 담당하고 있음도 우리는 현대 역사에서 명확히 확인할 수 있습니다.

우리 학교는 성서에 기초하여 하나님 말씀 안에서 기독교 정신으로 학생을 양육하고자 설립하여 운영되고 있습니다.

1960년대 경제적 빈궁기에 기독교 정신으로 설립된 우리 학교가 만난을 극복하여 신앙적 자세로 학교 발전을 지속할 수 있었거니와, 이제 우리의 현실적 교육 여건이 좋아지면서 신앙적 자세가 약화되고 복지와 편의에 우리의 관심이 집중되면서 교육의 본질에서 초점이 멀어지고 학교 발전이 정체된 것은 아닌지 깊이 고민해 보아야 할 것으로 느껴집니다.

영국의 번영과 발전 과정에서 겪은 영국병으로 인한 신

앙적 해이와 복지 위주의 구성원들의 욕구가 국가발전을 저해한 것과 같이, 오늘의 교육 현장에서 학교 구성원들이 건학 정신과 유리되어 신앙적으로 해이해지고 생활 편의주의에 집착하는 과오를 범해서는 안 될 것입니다.

하나님의 말씀은 능력이 있어서 우리를 죄의 사슬에서 풀어 영혼 구원에 이르도록 영생의 축복으로 인도하실 뿐 아니라, 그 진리의 가르침이 우리로 하여금 삶을 풍요롭게 하고 사회와 국가가 부강하도록 일깨워 올바른 지도력을 세우고 바른 가치관을 형성시켜 보다 잘 사는 세상을 만들도록 인도하는 것입니다.

이제 5월, 좋은 계절이 시작되는 날입니다.
5월은 가정의 달이고 청소년의 달이면서 스승의 날이 있는 계절입니다. 이 좋은 계절에 우리 모두 하나님의 말씀 안에서 교직자로서 바른 지도력을 발휘함으로써 학생들이 성경을 사랑하고 성경 읽기를 즐겨할 수 있도록 지도하여 학생이 바르게 길러지고 학교가 발전하며, 이 땅의 교육이 바로서는 길에 동참할 것을 다짐하는 복된 계절이 될 수 있기를 소망합니다.

오늘 본문에서 보는 것처럼 여호와 하나님께서 여호수아에게 "율법책(성경)을 입에서 떠나지 말게 하며 주야로 묵상하여 그 말씀의 능력을 힘입어야 한다"고 말씀하신 것처럼, 우리 사랑하는 진경의 가족들과 이 나라 백성이 하나님의 말씀 능력을 힘입어 나라가 안정되고 부강해지며 이 민족의 모든 구성원들이 영혼 구원을 얻는 영생의 축복을 함께 누리는 복된 축복의 땅이 될 수 있기를 기원합니다.

설교 칼럼 3

"이끄시는 손길"
(진경여자중고등학교 교직원 예배 중에서)

"네 길을 여호와께 맡기라. 그를 의지하면 그가 이루시리라" – 시편 37장 5절

본문 말씀입니다.

앞서 4절에는 "여호와를 기뻐하라. 그가 네 마음의 소원을 네게 이루어주시리로다!"라고 말씀하고 계십니다.

우리는 지난날들을 돌이켜 보면 그리고 이를 신앙적으로 이해하고 해석해보면 모든 것이 하나님의 은혜요, 하나님의 사랑의 이끄심임을 감사하지 않을 수 없습니다.

어려움과 시련도 있었지만, 이만큼의 복을 누림이 하나님의 사랑이요, 은혜임을 감사할 수밖에 없습니다. 우리가 직면했던 일들 하나하나가 그때마다 힘겹고 고통스럽기도 하고 기쁘고 감격스럽기도 하면서 하나님께서 이끌어 오셨던 사랑과 은총의 역사에 힘입었음을 감사하지 않을 수 없습니다. 나의 인생 70 평생과 학교 운영의 역사를 돌아보면서 나도 그런 감사와 감격의 은총을 느끼지 않을 수 없습니다.

60여 년 전 여성 중등 교육의 불모지였던 이곳 시골마

을에 1960년대 초 맨손으로 가정여학교를 시작하여 눈물과 기도로 동지들과 함께 이 학교를 운영해 오셨던 부모님을 생각하면, 우리 부모님 내외분을 비롯한 몇몇 분이 하신 것이 아니요, 하나님께서 세우시고 이끌어 오신 것이라고 고백할 수밖에 없습니다. 그분들의 땀과 눈물이 배어 있는 우리 학교의 역사에, 이끌어 오신 하나님의 은총과 사랑이 함께하셨음을 고백하지 않을 수 없는 것입니다.

어렵고 힘겨운 고비마다 함께 하시고 기적의 역사를 이루신 하나님을 찬양하지 않을 수 없습니다. 갑작스런 부모님 내외분의 소천하심으로 내가 학교 운영을 떠맡게 된 지난 35년의 세월도 하나님의 섭리가 같이하신 기적의 역사요, 그분의 이끄시는 손길이 아니었으면 모든 것이 불가능했을 기적과 하나님 섭리의 연속이었다고 할 것입니다.

1971년인가도 받지 않고 42명의 학생을 3년간 무료로 가르치기로 약속하고 모집해서 내가 직접 담임교사가 되어 고등학교를 시작해서 오늘의 진경여고를 세워오는 동안 1979년 황등여상에서 진경여상으로 교명을 변경하고 제1회 진경축전을 개최한 것을 시작으로 진경퇴수회, 진경선교합창단을 조직 활동하고 해외로 활동무대를 넓혀

가는 가운데 하나님의 이끄시는 섭리와 그 손길을 깊이 체험하면서 성장의 역사를 이어온 것입니다.

　지난 6.13 지방선거도 우리 학교와 직접 연관된 일은 아니라 할 수 있겠지만, 나는 개인적으로 우리 막내 한상욱 후보가 입후보해서 시의원에 당선되기까지의 과정이 하나님의 섭리와 이끄시는 손길을 체험하는 값지고 감격스러운 과정이었다고 고백하지 않을 수 없습니다.
　한창 선거를 준비하는 단계에서 학교에 어려운 사건이 발생하여 선거를 포기해야 하지 않느냐는 생각도 했지만, 하나님의 섭리를 따르기로 하고 활동을 계속하는 중에 주변 여러 지인분과 지역 주민들의 협조와 이해와 기도로 모든 일이 무난히 이해되고 극복되어서 당선의 영예를 얻게 되어 정말 감사하게 생각합니다.

　나는 개인적으로 무엇보다 이번 선거의 결과가 단순한 당선이라기보다 우리 학교와 우리 교직원들이 그간 이 지역사회에서 신앙에 기초한 바른 인성의 학생을 길러내는 교육활동에 성심을 다한 그 노력이 우리 지역 주민들에게 이해되고 인정받는 결과로 나타났다는 점에서 깊이 감사드립니다.
　주변에서 말하기를 어떤 선거이든 입후보하는 사람은 그 집안의 3~4대까지 모든 크고 작은 좋고 나쁜 일들이 드러나고 평가돼서 어려움을 겪는 일이 많다고 얘기를 합니다. 이렇게 원만하게 선거가 마무리되고 당선의 영예를 얻게 되어 정말 우리 모든 교직원과 주민들께 깊이 감사할 수밖에 없습니다.

또한 넓은 선거지역구 7개 읍면에서 여기저기 많은 우리 졸업생들이 음으로 양으로 큰 도움을 주신 것도 매우 값진 힘이 되었고, 고마운 일이라 아니할 수 없습니다. 지역구 곳곳에서 내가 진경여상, 진경여고 교장을 꽤 오래 했다고 소개하면 용안, 용동, 성당면까지도 많은 분이 자기 딸, 자기 가족이 진경 출신임을 자랑하면서 고마움을 표시하는 기쁨도 맛볼 수 있었습니다.

60년 우리 진경의 역사에 중고등학교 16,000여 명의 졸업생이 전국 방방곡곡에서 주님의 손길에 이끌려 사랑과 축복의 역사를 가꾸어 가고 있음에 지금까지, 여기까지 이끌어 오시고 함께 하신 하나님의 섭리와 은총을 감사하면서 영광과 찬양을 돌리지 않을 수 없습니다.

앞으로도 내내 우리 좋으신 하나님의 섭리와 은총이 우리 학교의 역사 위에 우리 모든 교직원, 학생, 졸업생 – 진경 가족 모두에게 함께 하셔서 은총과 사랑과 축복의 진경의 역사를 이루어갈 수 있으리라고 확신합니다.

여기까지, 오늘까지 우리의 삶을, 진경의 역사를 이끌어 오신 하나님의 섭리와 은총을 감사하면서, 고난과 시련이 끊이지 않는 우리 삶의 여정을 여호와 하나님께 맡기고 그분을 의지하는 가운데 성심을 다하여 우리의 믿음을 지켜 가면 여호와 하나님께서 우리를 복된 길로 이끌어 인도해 주실 것입니다. 이런 굳은 의지와 믿음으로 복된 삶을 가꾸어 가는 우리 모든 진경의 가족들이 될 수 있기를 간절히 소망합니다.

Ⅳ. 조사

조사-1 (배응모 목사님 영전에)

1996년 1월 16일

삼가 목사님의 영전에 머리숙여 인사드립니다.

배 목사님!

목사님의 서거는 우리 모두가 여러 날, 아니 어쩌면 여러 해 전부터 예상하고 마음으로 대비해온 죽음이셨습니다. 불의의 사고나 얘기치 않은 뜻밖의 죽음이 허다한 세상이지만 목사님께서는 우리 곁을 떠나시기가 그렇게도 힘드셨는지 지켜보던 성도들이, 그리고 사랑하는 가족들마저도 눈물이 메말라 버렸을 것 같은 기나긴 투병 생활을 해 오셨습니다.

목사님!

그러나 목사님께서 저희 곁을 영영히 떠나신다고 생각하니 아무 힘없이 그냥 누워계신 줄만 알았던 목사님의 뜨신 자리가 이렇게 커 보이고 허전해져버린 저희들의 가슴을 무엇으로 메꾸어야 할지 슬픔이 복바쳐 오르고 그저 망연자실할 뿐입니다.

그 긴 투병생활을 계속하시는 동안 그 어느 효부열녀에 비할 수 없는 눈물겨운 사모님의 병간을 지켜보면서 그저 안타까운 마음뿐 한번이라도 더 병상을 찾아 위로 드리지 못했던 것이 후회스러울 따름입니다.

목사님!
목사님께서는 죽음의 날을 미루실 수밖에 없었던가 봅니다.

지난해 12월 2일 그러니까 당신이 태어나신 그날과 같은 숫자인 12월 2일, 막내 성민이가 장가들지 않았습니까?

혼례식을 마치고 막내며느리가 목사님 손을 꼭 쥐고 "아버님 제가 막내며느리입니다"하고 인사드렸더니 목사님께서 몇 년 동안 볼 수 없었던 환한 웃음을 지어 보이셨다는 말씀을 들었습니다.

평소에는 우리가 목사님 병상을 찾아뵈올 때마다 말씀은 못하시고 무엇을 호소하는 듯이 애절한 표정을 지으시면서 눈물을 보이시곤 하여 민망하기까지 했었는데, 이제 알고 보니 눈물의 그 호소가 "내가 막내까지 장가를 보내야 제대로 눈을 감을 수 있겠다"는 말씀이셨던가 본대 우둔한 저희들이 그 뜻을 헤아리지 못하고 목사님께 투병의 고통을 너무 길게 해드렸습니다.

막내가 장가든 후 지난 성탄 전야에도 운명 직전의 어려운 고비를 맞으셨으면서도 목사님께서는 또 한 번 사모님과 손을 마주잡고 다짐하셨습니다.

"내 죽음으로 성탄과 연말연시의 분망한 시기에 교회와 친지들 그리고 목회일선에 나가 있는 자녀들에게 어려움을 주지말자"하고 말입니다.

목사님은 끝까지 이웃을 살피시고 자녀에 대한 도리까지 지키시고 생을 마감하셨습니다.

존경하는 목사님!

너무 힘드셨습니다.

그러나 5남2녀 7남매, 이들을 어엿하게 키워 제자리를 잡고 각자의 가정을 꾸려가는 모습까지 보고 가시게 되었으니 행복이십니다.

그리고 그들 중에 두 아들과 맏사위가 인간적인 안목으로는 그렇게도 힘들어 보였을 아버님이 가신 목회자의 길을 가기로 결심하고, 목사님의 뒤를 따르는 걸 보면 목사님은 성공하셨습니다.

가장 가까이서 지켜보는 자식들로부터 존경받는 것이 어려운 세대이기 때문입니다.

목사님께서는 대가족을 이끄시는 힘든 살림이셨을 테지만 누가 보아도 돈에는 집착하지 않는 청렴과 의연함이

몸에 베이셨습니다.

그러면서도 목사님은 멋쟁이셨습니다.

훤칠하고 당당하신 풍모에 어디서 누구를 만나던지 "어이"하고 손을 번쩍 들어 반가움을 표시하시면서 온기 어린 포근한 손으로 상대방 손을 넙죽 잡아 흔들면서 너털웃음과 농담을 곧잘 하시던, 목사님은 멋쟁이셨습니다.

지역사회와도 폭넓은 유대와 봉사활동에 앞장서신 목사님은 선구자이셨습니다.

부정과 독재에는 투쟁에 과감히 앞장서셨고, 신황등신협을 창립하여 교회와 지역사회의 상부상조 정신을 일깨웠으며 전교인을 이끌고 거리청결운동 등에 일찍이 본을 보이신 환경운동에도 선각자이셨습니다.

개교회주의에 얽매여 있는 한국교회의 현실에서 100여 명의 교인으로 내곳교회를 분립했고, 금마교회를 개척하셨으며, 다은교회를 설립하는데 크게 힘쓰셨습니다.

사랑하는 목사님!

갓 40세가 되시던 해 저희 신황등교회에 부임하셔서 실로 4반세기가 넘는 27년간 격무에 지쳐 쓰러지시기까지 온 생을 이곳에서 바치셨습니다.

우리 신황등교회의 구석구석에 그 어느 한 곳 목사님의 손때 묻지 않은 곳이 있으며, 목사님의 따스한 숨결이 스미지 않은 곳이 있겠습니까?

목사님의 온기로 꽉찬 듯 하던 우리 신황등교회가 언제부터인가 왠지 한 구석이 텅 빈 듯 허전하게 느껴짐은 님의 자취가 너무 크셔서인가요?

목사님!
그러나 우리는 낙담과 애통에 머물러 있지만은 않을 것입니다.
목사님의 가르치심과 덕을 기리며 주님 말씀 안에서 교회봉사와 사회활동에 본이 되도록 열심을 다 할 것을 다짐 드립니다.
그리고 저희 신황등교회 전 교인은 삼가 님의 영전에 한 아름 국화 송이와 애도의 정을 바치며 주님 품에 고이 안식 누리시기를 기도드립니다.
그렇게도 애틋한 모습으로 눈물겹도록 목사님 곁을 지켜 오신 사랑하는 사모님께서도 이제 슬픔을 접고 휴식을 취하시도록 잡은 손을 놓아주시고 남아있는 저희들에게 맡겨주십시오.

그리고 막내 내외가 좌우에서 붙잡아주는 손에 이끌리시어 당신의 목소리와 숨결을 되새기며 이 교회 문을 드나들면서 여생을 편히 보내실 것이오니 부디 안심하시고 그간 지신 무거운 십자가를 내려놓으시고 주님 품에서 영생복락을 누리옵소서.

소망가운데 저 영원한 나라에서 다시 뵈올 것을 기약
드리옵니다.
목사님!
안녕히 가십시오.

배 목사님의 천국 가시는 길을 환송하며…
신황등교회 교우 일동

배 목사님 가족 일동

조사-2 (고만영 장로님)

1999년 2월 25일

고 장로님!

사랑하고, 존경스러운 고만영 장로님.

부드럽고 따스한 손으로 저희들을 꼭 잡아주시던 그 아기손 같던 부드러움이 지금도 제 손끝에 남아서 몸으로 스며 옵니다.

연세로 보아서는 확실한 노년기에 접어드셨음에도 저희 신황등교회에서 원로 장로님으로 은퇴하고 이리로 옮기실 때까지만 해도 5,60대 같은 건강함으로 고운 모습을 보이셨는데 언젠가 교통사고를 당하시고 나서 많이 노쇠하셨지요.

그래도 지극 정성이신 백형심 권사님의 사랑스런 보살핌으로 건강을 지탱하시고, 혹시라도 당신 안 계신 백 권사님이 외로운 여생이 되실까봐 힘겨운 투병 생활을 하시면서도 백 권사님을 하나님 곁으로 먼저 보내시고, 이렇게 5개월도 채 못 되어 장로님께서도 뒤따라 백 권사님 곁으로 가시는군요.

장로님!

정말 평소 뵙던 것처럼 장로님께서 권사님을 너무 사랑

하셨고, 백 권사님도 장로님이 빨리 뵙고 싶어 하나님 곁에서 장로님을 이렇게 급하게 부르신 것 같습니다.

장로님!
장로님 내외분은 우리에게 정말 금실 좋은 부부상을 보이시더니 가시는 것도 어찌 그리 금실 좋게 급하게 가시는지요.

장로님!
그러나 저희들은 섭섭하고 허전합니다.
장로님께서는 사랑하는 백 권사님 곁으로, 따뜻한 하나님의 사랑의 품으로 가셨지만 천진스럽게 느껴지기까지 하던 장로님의 그 자애로운 미소를 다시 대할 수 없으니, 정말 저희는 귀하신 신앙의 선배 한 분을 잃고 이렇게 슬픔을 달래며 한자리에 모여 장로님의 유덕을 기리고 삼가 님의 영전에 명복을 비옵니다.
93세라면 장로님께서는 천수도 다하셨고, 장로님의 90 평생은 파란만장하면서도 후세들에게 신앙인으로서 복된 삶의 자취를 남기셨으며 우리 모두에게 귀감이 되어주신 값진 생애이셨습니다.

모태 신앙을 간직하고 태어나셨고 웅포교회, 운봉제일 교회, 후정교회, 신황등교회, 이리제일교회 등에서 신앙의 본을 보여주셨음은 물론, 성실한 신앙생활로 40대 초반에 장로로 임직되어 50여 년을 장로로 교회를 섬기는 축복도 누리셨고, 청년 시절 군산 구암 예수병원 근무를 시작으로 1930년대 만주 망명 시절에도 병원을 개원하여 봉사하였을 뿐 아니라, 웅포, 운봉, 삼례, 황등 등지의 농촌 지역에서 의료 혜택을 받지 못하는 농민들에게 40여 년간 그리스도의 사랑을 담아 정성스러운 의료 선교 활동을 펴 오셨습니다.

그러는 동안 4녀3남, 7남매 또한 신앙 안에서 성실하게 살아가도록 믿음의 가문을 이룩해 놓으셨고 모든 이들에게 본이 되는 신앙적 가풍을 이어오셨습니다.

가는 곳마다에서 지역사회 봉사에도 앞장서시고 덕을 베푸시어 많은 이들에게 그리스도인의 참 삶의 모습을 보여주셨고, 지역사회 교육에도 깊은 관심과 애정을 가지시고 반석학원 설립에도 앞장 서셨습니다.

장로님!

자애로운 성품이시면서도 때때로 바른길을 가지 못하는 젊은이들에게는 교회 어르신으로서 엄하게 꾸짖으시던 장로님의 모습이 눈에 선합니다.

당회를 진행하다가 때로 긴장된 당회 분위기가 되면 장로님께서 나서시어 모두를 이해시켜서 원만하게 풀어 나가신 것도 한두 번이 아닙니다.

제가 3,40대 젊은 장로 시절, 따사롭게 등 두드리시며 격려해 주시면서 잘못도 감싸주시던 아버님 같은 정겨운 기억을 잊을 수가 없습니다.

　장로님!
　장로님께서는 이제 다시 평생을 해로해 오신 백형심 권사님 곁으로, 우리 좋으신 하나님 품으로 가셨으니 저희들 눈물을 거두고 장로님의 명복을 빌겠습니다. 그동안 90평생 파란만장의 인생길에서 겪으신 고통 다 잊으시고 주님 품에서 평안과 안식 누리시기를 기원 드리겠습니다.
　그곳에서 장로님과 우리 백 권사님. 부디 평안과 기쁨을 누리소서. 영원한 안식 누리소서.

　천국길을 환송하며…
　한병수 장로 올림

고만영 장로님 가족 일동

V. 한병수 이사장 연보

1944.6.10.	익산시 황등면 죽촌리 736번지 출생
1946.	전주로 이거(전주시 경원동)
1948.	다시 황등으로 이거(황등리 920번지)
1949.4.	신황등 유치원 입학(2회)
1951.4.	황등초등학교 입학(27회)
1957.4.	남성중학교 입학(10회)
1960.4.	전주사범학교 입학
1961.3.	이리고등학교 2학년 전입
1961.4.	세례(신황등교회 - 안봉걸 목사)
1963.3.	한국신학대학 신학과 입학
1965.3	육군 입대(논산 훈련소 25연대) 육군본부 병참감실. 1군 사령부 1802정비 보급단 근무
1966.3 ~1968.2.	상지대학 행정학과 편입학 졸업(행정학사)
1967.9.2.	육군 병장 만기 제대
1968.3.	진경여자중학교 교사 부임
1970.1.3.	결혼(익산 사랑의 동산교회당)
1971.1.30.	장남(상준) 출생 - 한일산부인과
1972.3.	연세대 교육대학원 석사과정 입학
1972.4.2.	딸(정은) 출생 - 한일산부인과
1974.2.	연세대 교육대학원 졸업(교육학 석사)
1974.4.8.	차남(상돈) 출생 - 한일산부인과
1976.3.6.	진경여자상업고등학교 교장 취임
1976.8	이리중앙로타리 클럽회원 가입
1976.11.26.	장로장립(신황등교회). 33세
1978.	기드온 협회 이리 캠프 창립회원으로 가입

1979.11.23.	제1회 진경 축전 개최(이리시민문화회관)
1980.4.	제6대 이리고등학교 총동창회장 취임
1980.5.	진경 선교 합창단 창단 (전국 교회, 군부대 등 순회공연과 필리핀, 중국 해외 순방 공연)
1980.8	제1회 진경퇴수회실시(완주동상저수지에서)
1981.3	익산 교육 회장 취임
1981.3.	한신대학 3학년 학사 편입(재입학)
1981.4.22.	삼남(상욱) 출생 - 예수병원
1983.2.	한신대학 신학과 졸업(신학사)
1983.6.23.	초대 이사장 한용석 장로(부친) 별세
1984.5.23.	2대 이사장 최인례권사(모친) 별세
1985.1.	20일 금식기도(남경산 기도원)
1987.	익산 기드온 협회 회장 취임
1988.	충남대 행정대학원 입학(최고관리자 과정)
1991.3.	미국 시카고 대학(메코믹 대학원) 6개원 연수 참여
1991.5.	미국 중서부 부부동반 드라이브 횡단 (20일간)
1991.8.	전북 초대 민선 교육위원 피선 취임
1991.12.	청주 한씨 팔봉왕릉 종친회 회장 최임 (익산, 군산, 김제 지역 종친회)
1995.3.	신황등 신용협동조합 이사장 취임
1996.4.	익산 YMCA 이사장 취임
1997.3.	익산 중등 교장회 회장
1997.5.	익산 시민의 장(문화장) 수상
1998.7.	황등라이온스클럽 회장 취임
1998.8.	익산시 모현동 우림아파트 이거
1998.12.26.	딸(정은) 결혼. 이리 제일교회 - 최희섭 목사 주례
1999.	전북교육자 대상 수상

1999.3.	장남(상준) 일본 도쿄대학 대학원(박사과정) 국비장학생으로 5년 유학
2000.3.	한국기독교 장로회 익산 노외 해외 선교위원장
2000.3.25.	장남(상준) 결혼. 진경여고 체육관 - 장상훈 목사 주례
2000.5.	한국교육자 대상 수상(한국일보사 주관)
2000.7.	전북 사립 중·고등학교 교장회 회장 취임
2000.8.	이리고등학교 총동창회장 재취임
2000.12.	사위(이영달) 서울 성모병원 안과 전문의 취득
2001.2.	차남(상돈) 의사고시 합격 신촌 세브란스에서 신경과 레지던트 수련
2001.10.	익산시 장로연합회 회장 취임 통일 기원 기도회 후원 개최 (장소 - 금강산, 강사 - 장상훈 목사)
2002.6.	뇌졸중으로 입원(신촌세브란스)
2006.8.	진경여고 정년 퇴임(녹조 근정훈장)
2006.10.21.	차남(상돈) 결혼 - 진경여고 강당 - 김승식 목사 주례
2007.3.	진경학원 이사장 취임
2008.2.	익산 YMCA 이사장 재취임
2008.10.	익산 YMCA 임직원(52명) 중국 문화 탐방 실시
2009.5.	아내 진상윤 여신도회 전국연합회장 취임
2009.6.	익산 YMCA 임원 캄보디아 연수 및 봉사활동
2011.3.	한국기독교 장로회 익산 노회 노회장 피선
2011.12.	장남(상준) 장로 피택 - 한국기독교 장로회 익산 노회 영천교회(3대 장로)
2012. 2.25	삼남(상욱) 결혼 - 이리신광교회당 - 포항을사랑하는교회 고경현 목사 주례
2015.3.	황등초등학교 총동창회장 취임
2018.3.	첫 손주(하영) 연세대학교 입학 (융합과학 공학부)
2018.6.	삼남(상욱) 익산시의회 의원 당선

망망한 바다 한가운데서 배 한 척이 침몰하게 되었습니다.
모두들 구명보트에 옮겨 탔지만 한 사람이 보이지 않았습니다.
절박한 표정으로 안절부절 못하던 성난 무리 앞에 급히 달려 나온 그 선원이
꼭 쥐고 있던 손바닥을 펴 보이며 말했습니다.
"모두들 나침반을 잊고 나왔기에…"
분명, 나침반이 없었다면 그들은 끝없이 바다 위를 표류할 수 밖에 없을 것입니다.

우리는 삶의 바다를 항해하는 모든 이들을 위하여
그 나침반의 역할을 하고 싶습니다.
우리를 구원하신 위대한 주 예수 그리스도를 널리 전하고 싶습니다.

"하나님은 모든 사람이 구원을 받으며
진리를 아는 데에 이르기를 원하시느니라"
(디모데전서 2장 4절)

이끄시는 손길

지은인 │ 한병수
발행인 │ 김용호
발행처 │ 나침반출판사

제1판 발행 │ 2021년 11월 12일

등 록 │ 1980년 3월 18일 / 제 2-32호
본 사 │ 07547 서울특별시 강서구 양천로 583
　　　　블루나인 비즈니스센터 B동 1607호
전 화 │ 본사 (02) 2279-6321 / 영업부 (031) 932-3205
팩 스 │ 본사 (02) 2275-6003 / 영업부 (031) 932-3207
홈 피 │ www.nabook.net
이 멜 │ nabook365@hanmail.net

일러스트 제공 │ 게티이미지뱅크

ISBN　978-89-318-1629-7
책번호 가-9086

값은 뒤표지에 있습니다.